책세상문고 · 우리시대

생명에도 계급이 있는가

유전자 정치와 영국의 우생학

책세상문고 · 우리시대

생명에도 계급이 있는가

유전자 정치와 영국의 우생학

염운옥

책세상

2005년에 한국 사회를 뜨겁게 달군 화두 가운데 하나는 줄기세포 배양을 둘러싼 논란이었다. 이른바 '줄기세포 논쟁'은 과학에 대한 맹신이 어떻게 굴절된 애국주의와 결탁할 수 있는지를 보여준 사례였다. 언론은 줄기세포 연구를 통해 창출되는 부가 대기업 삼성의 매출을 능가한다는 계산을 내놓으며 바이오테크놀로지가 온 국민을 먹여 살릴 것이라는 장밋빛 미래를 그려 보였다. 언론이 그려낸 장밋빛 전망은 황우석 박사의 줄기세포 연구에 대한 국민적 기대를 불러일으켰다. 난치병 연구라는 '대의'를 위해서는 실험 과정과 결과가 왜곡되어도 눈감을 수 있고, 실험에 쓰인 난자가 자발적으로 기증된 것이 아니어도 '국익'을 위해서는 문제 삼지 않을 수 있다는 분위기가 팽배했다.

줄기세포 연구는 과연 난치병을 완전히 치료할 수 있을까? 생명을 둘러싼 과학 기술이 발달하면 궁극적으로 장애인이 한 사람도 태어나지 않게 되는 것일까? 장애인이 태어나지 않는 것은 과연 좋은 일인가? 줄기세포 논쟁을 우생학eugenics에까지 연결하는 것은 무리한 비약으로 들릴지도 모른다. 그러나 이 논란은 과학 지식의 윤리성과 과학자의 사회적 책임과 같은 문제가 결코 쉽게 답할 수 있는 것이 아니라는 교훈을 우리에게 주었다.

우생학의 역사 역시 마찬가지다. 우생학은 19세기 말부터 20

세기 중반까지 약 반세기 동안 '첨단 과학'으로 세계를 풍미했지만, 오늘날의 눈으로 보면 객관성을 담보하지 못한 '사이비 과학'으로 분류된다. 그러나 불행히도 현대 사회는 우생학에서 자유롭지 못하다. 우생학은 현재에도 다른 이름과 다른 형태로 우리가 살아가는 일상적 삶의 곳곳에 뿌리 깊게 자리 잡고 있다. 삶의 질이 아니라 물질적 가치 증식의 양에 비례하는, 능력 우선 실력 지상이라는 무한 경쟁의 생존 논리가 횡행하는 글로벌라이제이션의 현실은 인간의 자질과 능력은 태생적으로 결코 동등할 수 없다는 근대 우생학의 대전제를 여전히 추인하고 있다. 따라서 이 책에서는 영국 우생학의 역사라는 프리즘을 통해 현재 한국 사회에서 생명을 둘러싸고 벌어지고 있는 현상에 대해 생각하는 계기를 마련해보고자 한다. 현실을 성찰하고 비판하기 위해 우생학의 '지나간 역사'를 되짚어 보고 '오류의 역사'로부터 배우자는 것이다.

이 책은 필자가 2004년에 도쿄대학교에 제출한 박사 학위 논문을 토대로 하고 있다. 고려대학교에서 석사 학위를 받고 박사 과정을 수료한 뒤 일본에 유학하게 되었을 때, 주변에서는 전공을 일본사로 바꾸면 어떻겠느냐고 권했다. 하지만 어린 시절부터 동양보다는 서양에 관심이 많았고 아버지 서재에서 서양화가들의 화첩을 보며 자란 탓인지 전공을 바꾸기란 쉽지 않았다. 내심 '역사에 동양사, 서양사의 구분이 어디 있는가, 역사는 그냥 역사다'라는 반감도 있었다. 이왕 일본에서 서양사를 공부하게 되었으니 이를 장점으로 살려야겠다는 오기도 발동했다. 출발지인 영국에서 시작해 전 세계로 퍼져 나간 우생학의 '트랜스내셔널 히스토리transnational history'를 써 보자는 것이 연구를 시작할 무렵 품었던 포부다.

우생학이라는 주제를 필자가 재발견한 데는 당시 일본 사회와 학계의 영향이 컸다. 2000년경 일본에서는 제2차 세계대전이 끝날 때까지 존속했던 '우생 단종법'의 피해자에 대한 보상 논의가 처음으로 공론화되고 있었다. 학계에서도 일본의 우생학을 파시즘의 이데올로기로 해석하는 견해와 파시즘으로 환원되지 않는 복합적인 이데올로기로 보는 견해가 대립하고 있었다. 일본의 양심적인 재야 사학자가 식민지 조선에서 자행된 소록도 한센병 환자에 대한 격리와 단종 정책의 실상을 폭로한 책을 처음 출간한 것도 이 무렵이었다. 한센병 환우 시인 한하운의 〈보리피리〉 시구를 다시 읽으며 식민지 시대 가장 소외된 계층의 아픔을 공감하지 않을 수 없었다. 소록도의 한센병 환자들은 히로시마·나가사키 원폭 피해자들과 마찬가지로 한 번은 일본에 의해 또 한 번은 한국에 의해 두 번 버려지고 잊힌 사람들이었다.

영국의 우생학에서부터 연구를 시작한 이유는 단순하다. 우생학의 발상지가 영국이기 때문이다. 우생학이라는 개념을 만들어낸 프랜시스 골턴Francis Galton은 결코 궤변을 만들어낸 광인이 아니었다. 골턴은 당시 이집트와 남아프리카를 여행하고 돌아와 쓴 여행기로 왕립지리학회에서 상까지 받은 유명한 여행가였고, 유전학의 첫 페이지를 장식할 업적을 남긴 생물통계학자였다. 점차 공부를 해나가면서, 우생학이 시작된 곳인데도 불구하고 우생 정책이 법제화되지 않은 영국의 경우가 현재의 관점에서 볼 때 더욱 중요하다는 확신도 들었다. 이분법으로 함부로 재단할 수 없는 현대 이데올로기의 이중성, 양면성이 드러나는 적절한 예로서 영국 우생학을 다루어볼 수 있겠다는 생각이 들었다. 그러니 이 책은 우생학의 트랜스내셔널 히스토리 쓰기에 겨우 첫발자국을 내디딘 기록인 셈이다.

이 작은 책을 쓰는 데도 여러 분들의 도움을 받았다. 우선 한양대학교 비교역사문화연구소에서 '대중독재' 프로젝트를 수행하며 3년 동안 함께 일했던 동료들에게 감사한다. 그분들 덕분에 필자의 좁은 시야는 영국을 넘어 독일로 프랑스로 이탈리아로 러시아로 유고슬라비아로 넓어질 수 있었다. 귀국 후 여러 학회에서 인연을 맺은 분들께도 감사한다. 그분들 덕분에 '사람은 혼자 사는 것이 아니다'라는 평범한 진리를 실감할 수 있었다. 끝으로 느리게 걸어가는 딸을 언제나 묵묵히 지켜봐 주시는 부모님께 감사드린다.

19세기 말에 등장한 우생학(優生學)eugenics은 '부적격자unfit'의 출산을 억제하고 '적격자fit'의 출산을 장려해 인류라는 '종'의 질적 향상을 도모하고자 한 학문이었다. 부적격자의 재생산을 막는 '부정적 우생학negative eugenics'과 적격자의 재생산을 권장하는 '긍정적 우생학positive eugenics'은 우생학의 두 가지 실천이다. 우생학의 창시자 프랜시스 골턴 Francis Galton은 영국 빅토리아 시대의 지적 귀족 가문 출신으로 찰스 다윈Charles Darwin의 사촌이다. 골턴이 1883년에 만들어낸 새로운 학문인 우생학은 인간의 유전적 자질을 향상시킴으로써 완전한 진보가 달성된 사회를 건설한다는 유토피아적 인간 개조 프로그램이었다.

19세기의 산물인 우생학은 지금 우리의 삶에 어떤 의미를 갖는가? 두 편의 예술 작품에서 이야기를 시작해보자. 골턴은 말년에 유토피아 소설 《어디에도 없는 곳*Kantsaywhere*》을 썼다. 골턴이 죽은 후 유족들은 과학자로서의 골턴의 명성을 해칠까 염려해 미완성으로 끝난 이 소설을 출판하지 않았다. 《어디에도 없는 곳》은 인구 통계학자가 우생학이 실현된 이상향 '캔세이웨어'를 방문해 그곳에 사는 여성과 사랑에 빠진다는 줄거리의 소설이다. 캔세이웨어 공동체에서는 엄정한 관리 아래 개인의 유전적 소질을 측정하는 시험이 치러진다. 이 시험에서는 신장, 체중, 시력, 청력, 폐활량, 치아 상태

등의 인체 측정과 건강 검진, 선조의 가계 조사는 물론이고 미학적·문학적 재능까지 측정한다. 주인공은 이미 우수한 성적으로 시험에 합격한 한 여성과 결혼하기 위해 시험을 치른다. 그러던 어느 날 우생 결혼을 한 부부에게서 기형아가 태어났다는 뉴스를 듣게 되고, 주인공은 엄한 조치가 내려지리라고 예상한다. 그러나 예상과 달리 공동체는 아이의 불행을 슬퍼하는 부모에게 어떤 비난도 가해서는 안 되며, 태어난 아이에게 장래에 결혼을 금지하는 것 이외에 어떤 불이익도 있어서는 안 된다고 공표한다. 이 소설을 통해 골턴은 아무리 신중한 우생 결혼을 해도 장애아가 태어날 가능성을 완전하게 배제할 수 없음을 자신도 모르게 고백한 것이 아닐까? 창시자인 골턴에게조차 우생학은 도달할 수 없는 유토피아였던 것이다.

1946~1948년에 초대 유네스코 의장을 지낸 생물학자 줄리언 헉슬리Julian Huxley는 영국 우생협회Eugenics Society가 1937년에 제작한 선전 영화 〈인간의 유전Heredity in Man〉에서 해설을 맡았다. 15분 분량의 영화는 전반부에서 스포츠, 음악, 예술 등의 분야에서 뛰어난 재능을 발휘한 사람들의 가계를 소개하며 그 재능이 유전된 것이라고 설명한다. 후반부에서는 열등한 형질이 유전되는 예로서 지적 장애인 부모에게서 태어난 여섯 명의 형제가 모두 시설에서 생활하는 모습을 비추며 이들의 일그러진 얼굴과 텅 빈 시선을 클로즈업한다. 영화의 마지막 장면을 헉슬리는 "장애인을 제대로 관리하는 것은 사회의 당연한 의무지만, 그들이 태어나지 않는 편이 자신

을 위해서도 사회를 위해서도 보다 행복한 일이 될 것이다"라는 말로 끝맺는다.

위의 두 가지 예에서 우리는 우생학이 오늘날 우리에게 무엇을 말해주는지에 대한 실마리를 찾을 수 있다. 골턴과 헉슬리의 불안과 우려를 없애기 위해서는 출생 전에 장애아를 예방해야 한다. 집단 레벨에서의 유전적 자질의 향상을 목표로 하는 우생학은 '바람직하지 않은 생명', '불행한 아이'가 태어나지 않게 하기 위해, 공동체의 재생산을 관리하는 방편으로서 결혼 제한에서부터 단종법에 이르기까지 여러 가지 수단과 방법을 생각한다. 할 수만 있다면 출생하기 전에 '생명의 질'을 선별하는 기술을 손에 넣는 것이야말로 우생주의자들이 꿈꾼 미래였다.

그런데 오늘날에는 과학 기술의 진보를 통해 이러한 우생학적 이상의 실현에 한발 더 가까이 다가가게 되었다. 우생주의자들이 원하던 기술을 손에 넣게 된 것이다. 따라서 현재 우생학의 현장은 유전 질환자를 대상으로 한 강제 불임 수술에서 출산 전 진단을 통한 장애 태아의 선택적 중절로 이동하고 있다. 1970년대 이후 태아 진단 기술이 발달하자 '건강하고 우수한 자녀를 낳고 싶다'는 개인의 욕망이 우생학적 선택과 동일한 결과를 가져올 수 있다는 우려와 반성이 제기되었다. 이러한 문제의식에서 나온 것이 '개인주의적 우생학individual eugenics', '자발적 우생학voluntary eugenics', '자유방임주의 우생학laissez faire eugenics' 같은 개념이다.

1930~1940년대의 우생학이 국가 권력에 의한 재생산 권리

의 침해, 인권 침해라는 강제성과 폭력성을 띠었다면, 오늘날의 우생학은 '개인의 자발적 선택'이라는 특성을 지닌다. 국가 권력이 특정 계층이나 소수 집단의 재생산을 제한해 인구의 양과 질을 관리하려는 전체주의적 기획은 사라졌지만 문제는 여전히 남아 있다. 국가의 강제가 아니라 개인의 자유로운 의사에 따라 유전 상담이나 출생 전 진단, 선택적 중절 등이 이루어지기 때문에 문제될 것이 없다는 시각도 있을 수 있다. 그러나 개인의 자유로운 선택의 밑바닥에 우생학적 사고가 깔려 있지 않다고 말할 수 있을까? 의료 서비스에 대한 접근이 개인의 선택과 자본주의 시장 논리에 맡겨진다는 이유로, 과학 기술의 발달이 사회적 불평등을 심화하는 현상을 어쩔 수 없다고 눈감아야 할까? 결국 우생학을 둘러싼 오늘날의 문제의 핵심은 개인의 자발적 행위가 첨단 의료 서비스의 수요와 공급이라는 시장 논리에 따라 이루어지고 그것이 결국 '생명의 질'을 선택하고 사회 계급을 대물림하는 결과를 낳는다는 데 있다. 인공 수정과 시험관 시술 등 재생산 보조 의료 기술이 보편적으로 활용되고 있고, 최근에는 정부가 나서서 저소득층의 시험관 아기 시술에 보조금을 지급하겠다는 한국 사회에서도 우생학은 여전히 끝나지 않은 이야기이다.

우생학의 '역사'가 본격적으로 연구되기 시작한 것은 사실 그리 오래되지 않았다. 1960년대 미국의 공민권 운동과 동성애자나 장애인 같은 사회적 소수자의 권리 회복 운동을 경험하고 나서 1970년대에 우생학은 재발견되었다. 우생학이라는 '사이비 과학'에 의한 '차별의 역사'가 먼저 연구 대상이 되었고, 우생학 하면 누구나 나치의 우생학을 먼저 떠올리듯이 독일의 우생학에 초점이 맞춰졌다.

나치 시대에 자행된 악행은 두 가지로 구분된다. 하나는 유대인 홀로코스트이고 다른 하나는 우생 정책에 의한 강제 불임 수술과 안락사이다. 1933년에 독일에서 나치의 단종법인 '유전병 자손 예방법'이 제정되어 약 40만 명이 강제 불임 수술을 당한 것은 역사상 가장 극단적인 우생 정책의 예다. 유대인 홀로코스트에 대해서는 1953년에 '연방보상법'에 의해 보상 규정이 마련되었지만 또 다른 악행인 '우생 단종', 즉 강제 불임 수술은 1980년대가 되어서야 논의되기 시작했다. 600만 명의 죽음을 낳은 홀로코스트의 무게에 눌려 나치 우생 정책의 피해는 보이지 않았던 것이다. 피해자 단체와 정부가 노력한 끝에 1988년 5월 독일 연방 의회는 나치 시대에 '유전 건강 재판소'가 내린 강제 불임 수술과 안락사 판결이 무효라는 판결을 내렸으며 그에 대한 보상도 이루어졌다.

그런데 '우생 단종'은 나치즘의 전유물이 아니었다. 정신 장애자, 유전병 환자 등 소위 '열등한' 국민의 재생산을 방지하기 위한 단종법은 나치 독일에서만 실시된 것이 아니었다. 비슷한 시기에 미국, 캐나다, 덴마크, 노르웨이, 스웨덴, 일본에서도 국민 보건 정책의 일환으로 단종법을 시행했다. 미국 캘리포니아주에서는 나치 독일보다 앞선 1926년에 단종법이 제정되어 정신 장애자, 유전 질병 환자뿐 아니라 알코올 중독자나 범죄자에 대해서도 불임 수술이 실시되었다. 나치는 1933년 유전병 자손 예방법을 제정할 당시에 캘리포니아주의 법 조항과 실적을 참고했다고 한다. 캘리포니아주 외에도 미국의 열세 개 주가 단종법을 채택했다. 국가가 강제하는 우생 정책은 독일 같은 파시스트 국가에서만 행해진 것이 아니라 소위 '자유주의', '민주주의' 국가로 불린 미국이나 북유럽의 여러 나라에서도 마찬가지로 실시되었다.

스웨덴의 경우는 복지 국가와 우생학의 친화성 문제를 보여준다. 1997년 8월 스웨덴의 일간지 《다겐스 뉘헤테르*Dagens Nyheter*》는 스웨덴에서 1950년대까지 정신 장애자를 대상으로 반(半)강제 불임 수술을 실시했다는 사실을 보도해 충격을 주었다. 복지 국가의 모델로 여겨져온 스웨덴의 우생 정책의 실태는 복지 국가에 대한 기대를 되돌아보게 했다. 스웨덴은 1922년에 인종 연구소를 세우고 1940년대에는 정신 장애자에게 불임 수술을 시행했으며, 경제적으로 어려운 환경에 처한 여성들도 불임 수술의 대상이 되었다. 1944년에는 우생학적 목적의 불임 수술이 사회적·경제적 이유의 수술보다 더 많았다. 당시 법을 주도한 사회 민주주의 정권은 불임 수술이 부적합한 환경을 개선하고 사회에 부과되는 사회적·경제적 부담을 줄일 수 있는 인간적인 해법이라고 변호했다. 이 법은 희생자들의 항의와 국립보건위원회의 조사와 폐지 운동으로 1970년대에 폐지되었다.

스웨덴을 비롯한 북유럽 국가들의 사례는 국민의 건강을 철저하게 관리하려는 복지 국가의 이상이 국민의 재생산 관리를 통해 인구의 질적 향상을 꾀하는 우생학의 기획에서 결코 자유로울 수 없음을 시사한다. 이렇게 우생학의 역사에 대한 연구가 축적되면서 '우생학=나치즘=악'이라는 단순한 도식으로는 우생학의 본질에 접근할 수 없다는 반성이 강하게 제기되었다. 이런 맥락에서 파시즘 국가가 아니라 민주주의 국가에서 발현된 우생학에 다시 관심이 모아지게 되었다.

우생학의 창시자 골턴의 모국인 영국의 사정은 어떠했을까? 골턴의 유토피아적 구상으로 끝날 뻔했던 우생학은 영제국의 쇠퇴와 국민의 건강 악화 및 체력 저하, 출산율 감소를 배경으로 사회 운동으로서 영향력을 발휘하기 시작했다. 20세기 초의 베트남 전쟁으로 불리는 보어 전쟁에서 영국은 겨우 승리를 거두었으나 신병 모집 지원자의 건강 진단 과정에서 드러난 노동 계급의 허약한 신체는 제국의 번영에 먹구름을 드리웠다. 또한 출산율이 중간 계급과 상류 계급을 중심으로 꾸준히 감소하기 시작해 그대로 방치하면 '인종의 자살'을 초래할지도 모른다는 위기감을 낳았다. 이런 배경 아래서 1907년에 '우생교육협회Eugenics Education Society'[1]가 설립되었고 이 단체는 '자선 대신 과학'으로 사회를 구제하자는 운동을 벌였다.

미국의 우생학이 인종의 우열을 가늠하는 기준으로 이용되어 이민 제한 정책의 구실이 되었던 반면 영국의 우생학은 사회 하층 계급의 재생산 관리에 집착하는 양상을 보였다. 영국에서는 인종보다 계급의 구분선이 중요했다. 영국 우생학의 또 하나의 두드러진 특징은 우생 정책이 법으로 시행되지 않았다는 점이다. 1930년대에 우생협회는 단종법 제정을 위한 대대적인 운동과 로비 활동을 벌였으나 법 제정에는 실패했다. 그럼에도 영국의 우생학은 불임 수술 같은 극단적인 조치가 아니라 가족 수당의 급부와 같은 복지 정책, 산아 제한이나 가족계획과 같은 인구 정책, 이혼법 개정 등을 둘러싼 논의 속에 녹아들어 있었다. 우생학의 논리가 인종적, 계급적 차별을 내포하고 있음은 분명한 사실이다. 그러나 우생학은 동시에 복지 정책 같은 차별과 무관해 보이는 영역에서 힘을 발휘하고 있었다는 사실을 간과해서는 안 될 것이다.

또 영국 우생학 운동에서는 여성의 역할이 눈에 띄었다. 사적 영역으로 여겨지는 결혼과 재생산의 문제를 공적 영역으로 끌어내어 '종의 미래'를 결정하는 모성의 실현을 위해 여성의 현명한 선택을 강조하는 우생학은 여성들에게 수용되기 쉬운 논리였다. 영국의 우생학 운동에 여성의 참여가 높았던 데는 빅토리아 시대 중간 계급 여성들 사이에 자선 활동의 전통이 뿌리 깊었다는 요인도 있었다. 영국 우생협회는 회원의 절반 정도가 여성이었으며, 설립 당시부터 조직 운영의 책임을 맡았던 초대 서기 시빌 네빌 롤프Sybil Neville-Rolfe, 단종법 제정 운동에서 선전 강연을 담당했던 코라 호드슨Cora Hodson과 힐다 포콕Hilda Pocock의 활약이 두드러졌다. 우생협회 내의 여성 활동가들이나 우생협회와 협력한 엘리노어 래스본Eleanor Rathbone, 에바 후백Eva Hubback 등 모성주의 페미니스트들은 우생협회가 가족 수당, 산아 제한, 이혼법 개정, 성병 방지 등의 사회 개혁 논의에 개입할 수 있도록 가교 역할을 했다.

영국에서 우생학은 여성들과 손을 잡음으로써 '본성nature'

의 역할을 일방적으로 강조하는 유전 결정론을 벗어나 우생학의 논리 구조에 내재되어 있던 '양육nurture'의 요소를 확대할수 있었다. 양육 중시론의 팽창은 한편으로는 우생학의 원리를 흐리게 하여 운동의 추진력을 약화시켰지만 또 한편으로는우생학을 환경론과 결합된 애매모호한 개념으로 제시함으로써 일반 대중이 받아들이기 쉽게 하는 효과를 낳았다.

현재의 관점에서 보면, 법령으로 강제 불임 수술을 시행한독일의 경우보다 단종법이 제정되지 않았던 영국의 예가 오늘날 더 많은 시사점을 제공해준다고 하겠다. 현재 영국의 지방자치체에서는 임산부에게 무료로 출산 전 진단을 받게 하고있는데 검사 결과 태아에게서 다운 증후군 등 유전적 이상이발견되면 임산부들은 십중팔구 중절을 선택한다고 한다. 출산전 진단의 무료화에는 진단 비용을 공공 비용으로 충당해 장애아 출생을 예방하는 효과를 거두게 되면 장애인 보호 및 관리에 드는 비용을 줄일 수 있다는 냉혹한 경제 논리가 작용하고 있다. 강제 불임 수술은 실시되지 않았지만 교육과 계몽에기대는 온건한 우생학의 효과는 개인의 합리적 선택과 구분하기 힘들게 얽혀 있는 것이 현실이다. 이 책에서 독일이나 북유럽이 아닌 영국의 우생학을 중점적으로 살펴보려는 이유는 바로 이 때문이다.

제 1 장

진화론과
우생학

앞에서 말했듯이 '우생학eugenics'이라는 용어는 1883년에 프랜시스 골턴이 창안한 것이다. 골턴은 그리스어에서 '좋다'를 의미하는 'eu'와 '태어나다'를 의미하는 'genes'에 '방법'이나 '학문'을 의미하는 접미사 'ics'를 붙여 이 복합어를 만들었다. 그리고 1883년에 저서《인간의 능력과 그 발달에 관한 연구Inquiries into Human Faculty and Its Development》에서 'eugenics'라는 용어를 처음 사용했다. 이 책에서 골턴이 정의한 바로는 우생학이란 "정신과 육체의 양면에 있어 차세대 인류의 질을 높이거나 낮추는 작용 요인에 대해서 연구하고 이를 사회의 통제 아래에 두는 것을 목표로 하는 과학"[2)]이다.

우생학이라는 용어는 우생교육협회가 설립된 1907년부터 비로소 사회화되기 시작했다. 우생학이 학계의 연구 영역에 머물지 않고 대중의 관심을 끌게 된 배경은 세기말에 팽배한 불안 심리였다. 19세기 말에 영국은 쉽게 승리하리라 기대했던 보어 전쟁에서 고전을 면치 못했다. 보어 전쟁은 대영 제국의 이른바 '백년 평화'라 불리던 팍스 브리타니카Pax Britanica 시대가 황혼에 접어들고 있음을 명확하게 보여주는 사건이었다. 대영 제국이라는 깃발을 내건 영국 정부의 정당성과 효율성에 의문을 제기하는 목소리가 커졌고, 국가의 주권자로 공표된 국민의 신체가 건강하지 못하다는 우려가 높아졌다. '국가 효율national efficiency'과 '인종의 퇴화race degeneration'라는 화두는 국가의 장래를 걱정하는 지식인들 사이에서

뜨거운 감자가 되었다.

골턴이 소위 '새로운 과학'으로서 우생학을 구상하고 우생
교육협회가 조직되어 선전 활동을 시작한 것은 당시 영국에
서 '퇴화'론이 유행한 데서 영향을 받았다. 퇴화에 대한 논의
는 이미 1850~1860년대부터 시작되고 있었다. 영국에서는
프랑스의 의학자 모렐Benedict Augustin Morel의 영향을 받
은 의학과 생물학의 퇴화론이 의학 잡지《랜싯Lancet》을 중
심으로 소개되었다. '퇴화'가 한 세대에 한해 발생한다면 그리
걱정할 일이 아닐지도 모른다. 그러나 '퇴화가 일어난다'는 주
장에는 이미 '유전적 퇴화'가 내포되어 있었다. 우생학은 '유전
되는 퇴화'를 보다 극단적으로 논리화하고 '퇴화'로부터의 '재
생regeneration'을 목표로 제시한 것이었다.

1. 세기말의 퇴화론

진보와 낙관, 개혁과 번영의 시대였던 19세기 중반이 지나
고 세기말에 가까워지자 '타락'과 '격세 유전'의 불안이 '퇴
화'론으로 나타나 대중의 상상력 속에 뿌리를 내렸다. 1890년
대 후반부터 1900년대 초까지 '인종의 퇴화'를 언급하는 논설
이 언론 지면에 빈번하게 등장했다. 빅토리아 시대 말기의 영
국인들은 눈앞의 빈곤, 범죄, 불결함에서 불안과 공포를 느꼈
고 이는 '퇴화의 신화'를 만드는 재료가 되었다. 이 시기에《컨
템퍼러리 리뷰Contemporary Review》,《내셔널 리뷰National

Review〉,《포트나이틀리 리뷰*Fortnightly Review*》등의 종합 잡지와《타임스*Times*》에는 '인종의 퇴화'를 거론하는 글들이 게재되었다.[3]

1899년 보어 전쟁 발발을 전후로 한 시기부터 영국 신문과 잡지의 논설들에는 군대에 자원했지만 신체검사에서 부적격 판정을 받은 사람의 수가 자주 인용되기 시작했다. 어떤 논설은 "맨체스터 같은 공업 지역에서는 지원자 1,000명당 403명이 군 복무에 적합하지 않다는 판정을 받았다"[4]고 통계를 인용하며 국민의 체력 저하를 걱정했다. 1899년 10월에 보어 전쟁이 시작되자 영국군은 마페킹 포위 사건에서 보여준 것처럼 예상 외로 고전을 면치 못했다. 식민지인 남아프리카 케이프주의 지방 도시 마페킹을 방위하던 영국군 수비대가 국경을 넘어 잠입해 온 보어인 부대에 의해 1899년 10월부터 다음 해 5월까지 약 7개월 동안 포위당한 이 사건은 영국 전역에 대대적으로 보도되었다. '우수한' 영국 군대가 '열등한' 보어인과 싸우면서 고전하고 있다는 보도는 국민에게 큰 충격을 안겨주었고, '국가 효율'이 땅에 떨어지고 영제국은 퇴화하고 있다는 위기의식에 불을 지폈다.

특히 도시 생활은 국민의 건강에 악영향을 끼치는 것으로 간주되었다. '도시형New Town Type'이라고 불리는 대도시 슬럼 거주자들의 건강은 농촌 주민에 비해 눈에 띄게 저하되는 것처럼 보였다. 대도시 생활은 농촌에서 이주해 온 사람들을 '퇴화'시키고 있다는 주장도 전개되었다. 골턴도 이러한 도시 퇴화론을 주장한 사람 중 하나였다. 골턴은 농촌 지역인 위릭

셔와 산업 지역인 코번트리를 비교해, 농촌에서는 도시에 비해 유아 사망률이 낮다고 지적하면서 농촌으로부터 '신선한 피'를 수혈받지 못하면 도시 인구는 타락으로 인해 자연히 감소해갈 것이라고 진단했다.[5] 역사학자 스테드먼 존스Gareth Stedman Jones는 연구서 《런던의 버림받은 사람들Outcast London》에서 '인종 퇴화에 대한 공포'는 런던 빈민의 실상을 반영한다기보다는 "중간 계급의 정신세계의 일부에 지나지 않았다"[6]고 주장했다. 그러나 존스의 지적대로 현실과 담론 사이에 차이가 있었다 하더라도 인종 퇴화에 대한 공포가 20세기 초 사회 개혁을 주장하는 다양한 세력들이 전제로 삼는 담론 틀이 되었음에는 의심의 여지가 없다.

세기말 유럽의 퇴화론은 문학뿐 아니라 정신 의학이나 자연과학의 언어로도 표현되었다. 영국에서 '퇴화'가 사회의 위기 상황을 설명하는 용어로 유행하게 된 계기는 헝가리의 유대인 의사이자 평론가 막스 노르다우Max Nordau가 쓴 문학예술론 《타락Entartung》(1892)이 《퇴화Degeneration》(1895)로 번역·소개되면서부터였다. 이 책에서 노르다우는 바그너, 입센, 니체에게서 보이는 자기중심적이고 감상주의적인 풍조를 기독교 도덕에 반하는 타락으로 간주했다. 당시의 예술과 문학에는 병적인 상태에 빠진 작가의 정신이 반영되어 있으며 이는 인간 종의 타락을 보여주는 단면이라고 노르다우는 해석했다.[7] 노르다우의 책은 유럽 각국의 언어로 번역되어 읽혔고 세기말 유럽인들에게 불안을 통한 공감대를 형성했다.

그렇다면 낙관적인 미래를 약속하는 것처럼 보이던 '진화'

로부터 어떻게 '퇴화'의 불안이 잉태되었는가? 'degeneration'은 원래 기독교 신학과 생물학, 의학에서 그 의미가 중첩되면서도 미묘하게 어긋나는 개념으로 사용되었다. 'degeneration'의 어원은 라틴어 'degenerare'이다. 여기서 접두사 'de'는 부정(否定)의 의미이며 'generare'는 '생성하다, 창조하다'라는 뜻이다. 따라서 어의적으로 'degeneration'은 '생명의 죽음' 또는 '유(有)'에서 무(無)로의 소멸'을 의미한다. 또 기독교 신학에서 'degeneration'은 '창생' 또는 '창조', '생성'을 의미하는 'generation'에 반대되는 개념으로 본래의 고귀한 상태로부터의 '타락', 낙원으로부터의 '추방'을 의미한다. 창세기에 나오는 에덴동산으로부터의 추방 이야기는 인간이 창조 당시의 깨끗한 상태에서 원죄를 짊어지는 존재가 된 경위를 설명한다. 원죄는 신의 뜻을 거역한 인간에 대한 신의 징벌로서 부모로부터 자녀에게 세대를 거듭해 전달되기 때문에 신학적 의미에서 'degeneration'은 타락이 다음 세대로 계승된다는 의미를 띠게 된다.

진화론적 사고가 등장하자 'degeneration'에는 '퇴화'라는 의미가 가미되었다. 기독교에서 '창생'과 짝을 이루던 'degeneration'은 진화론적 사고에서는 '진화evolution'와 대립되는 개념이 된다. 생물학 용어로서 'degeneration'은 처음부터 '타락'이나 '일탈'이라는 도덕적 가치 판단을 포함한 개념으로 사용되지는 않았다. 유기체의 구조가 점차 복잡해지고 종이 다양화되어가는 과정에서 '퇴화'가 반드시 부정적인 현상일 필연성은 없었다. 그러나 빅토리아 시대의 맥락에서 진화는 진보와 동일시되기 쉬웠고, '퇴화' 개념도 곧 가치 판단과 연결되기 시작했다. 예를 들어 동물학자 랭키스터Edwin Ray Lankester는 1880년에 쓴 논문 〈퇴화—다위니즘의 한 장Degeneration—A Chapter in Darwinism〉에서 '퇴화'를 진화 과정에서 발생하는 '퇴화'라고 해석했다. 랭키스터에 따르면 유기체에 작용하는 자연 선택의 힘은 유기체 구조의 복잡화, 현상의 유지, 구조의 단순화, 즉 퇴화라는 세 방향으로 작용하는데, 식량과 안전을 확보하기 위해 구조를 단순화한 유기체는 기생적 상태에 빠지고 결국 생존 경쟁에서 패배한다는 것이다.[8]

의학 용어에서도 '퇴화'는 가치 중립적인 개념이 아니었다. '퇴화'를 인간 신체에 도입한 모렐은 육체적 질환뿐 아니라 신경 쇠약과 같은 정신 질환이나 우둔, 저능, 치매 등의 지적 장애를 설명하는 데 퇴화 개념을 들여왔다. 1857년에 쓴 《퇴화론 Traité des Dégénérescences Physiques》에서 모렐은 '퇴화'를 '본래의 완전한 형태로부터의 병적인 일탈'이라고 정의했다. 모렐에 따르면 퇴화로의 변이에는 유전적 요인이 포함되어 있으므로 퇴화의 싹을 지닌 사람은 점차 한 개체로서의 의무를 수행할 수 없게 될 뿐 아니라 차세대의 존속에까지 위협을 주는 존재이다. 즉 모렐이 정의한 '퇴화'는 '일탈로서의 퇴화'와 '유전되는 퇴화'라는 양면을 갖고 있었다. 퇴화의 징후가 보이는 가계는 세대를 거듭할수록 증상이 점점 심각해진다. 발작과 노이로제, 알코올 중독을 보이던 것이 다음 세대에는 정신적 무능력 상태에 빠지게 되고, 또 다음 세대에는 선천적인 지적 장애, 다양한 기형, 발육 부전을 일으켜 그 가계는 사멸하게 된다는 것이다.

그런데 모렐의 퇴화 개념에는 논리적 모순이 존재한다. 모렐은 퇴화가 유전된다고 말하는 동시에 퇴화한 개체는 생식 능력이 뚜렷하게 저하되는 현상을 보인다고 덧붙인다. 퇴화한 개체가 생식 능력을 잃게 된다면 퇴화는 어떻게 유전되는가? 이러한 논리적 모순에 대해 우생학은 생식 능력이 저하된 개체, 즉 '부적격자'가 생식에 성공하는 이유를 '역선택negative selection'의 메커니즘으로 설명한다. 스코틀랜드 에든버러의 의사 출신으로 우생학의 열렬한 선전가가 된 살리비Caleb Williams Saleeby는 역선택에 대해 이렇게 설명한다.

퇴화론에 의하면 부적격자의 특징은 질병, 짧은 수명, 생식 불능이다. 따라서 정신병자나 도덕적 불구자는 그대로 두어도 자연스럽게 소멸한다. 그러나 실제로 인간 사회에서는 역선택의 메커니즘 때문에 부적격자의 증식이 발생한다.[9]

역선택은 자연계와 달리 인간 사회에서는 생존 경쟁의 작용을 방해하는 여러 가지 장치가 작동하기 때문에, 자연 선택의 과정에서 도태되어야 마땅한 개체가 살아남아 번식하고 그 결과 종의 퇴화가 일어난다는 개념이다. 역선택은 진화론의 자기장(磁氣場) 안에서 생겨난 부산물이었다.

2. 자연 선택과 역선택

우생학은 19세기 말의 퇴화론을 배경으로 등장한 과학이었다. 골턴의 우생학 밑바닥에는 역선택에 대한 우려가 깔려 있었다. '역선택'은 인간 사회도 자연과 마찬가지로 진화와 자연 선택의 지배를 받는다면 허약한 개체는 자연 도태되어야 하는데 왜 그렇지 않은지를 문제 삼는다. 앞에서 보았듯이 문명화의 결과로서 생존 경쟁 작용이 정지되고 그 결과 허약한 개체가 살아남아 번식에 성공함으로써 인간 종의 질적 하락, 타락이 일어난다는 것이 퇴화론의 골자이다. '역선택'에 대한 골턴의 생각을 다윈과 월리스Alfred Russel Wallace의 생각과 비교해보자.

1859년《종의 기원 *Origin of Species*》에서 다윈은 현존하는 생물 종은 영원불변하는 것이 아니라 환경의 변화에 적응하면서 진화해왔다고 주장함으로써 성서의 특수 창조설, 개별 창조설과 이에 따른 종의 불변성 관념을 부정한다. 물론 다윈 이전에도 허버트 스펜서Herbert Spencer가 1852년에 쓴 논문 〈발전 가설The Development Hypothesis〉에서 창조론이 아니라 진화론을 주장한 바 있으며, 생물이 진화한다는 생각 자체는 이미 낯선 것이 아니었다. 다윈이 제시한 진화의 메커니즘에서는 우선 어떤 원인에 의해 개체에 변이가 일어나고 그 변이가 환경과의 상호 작용을 통해 보존되어 개체들 사이에 차이를 만들어낸다. 그 후 새로운 환경 조건에 잘 적응한 개체는 생존해 번식에 성공하는 한편, 적응도가 뒤떨어지는 다른 개체는 제거되는 자연 선택이 작용하게 된다. 자연 선택이 세대를 거듭해 반복되면 적응도가 증가한 개체군은 새로운 종이 되어 원래의 종과 교배가 불가능하게 된다. 이처럼 다윈은 개체에 차이가 생기는 원인은 환경의 영향뿐 아니라 개체의 내부에서 일어난 변이와도 관련된다고 보았지만, 이 변이의 유전에 대해서는 분명히 해명할 수 없었다.

다윈은 환경에 의해 선택되는 변이는 어디를 향할지 미리 정해진 것은 아니라고 보았다. 진화의 과정을 규칙적이고 계층적인 발전이 아니라 불규칙하고 무목적인 '분기(分岐)의 과정'으로 여긴 것이다. 다윈은 진화를 나뭇가지가 방향을 정해 놓지 않은 채 뻗어 나가는 과정으로 설명하고, 우연적 요소를 배제하지 않는 목적이 없는 과정으로 파악한 것이다. 《종의 기원》은 다음과 같은 구절로 끝맺고 있다.

이러한 생명관에는 장엄함이 서려 있다…이 지구는 불변의 중력 법칙에 따라 회전을 계속하는 동안 생물은 지극히 단순한 발단에서 시작하여 가장 아름답고 가장 경이로운 형태로 끝없이 진화해왔으며, 지금도 진화하고 있다.[10]

그러나 '진화evolution'라는 용어는 《종의 기원》 전체를 통틀어 이 구절 외에서는 쓰이지 않았다. 그 대신에 다윈은 "변이를 수반한 유전descent with modification"이라는 용어를 사용했다. 다윈이 '진화'의 사용을 극히 꺼린 이유는 당시 진화가 발달과 발전을 의미하는 개념으로 쓰이고 있었기 때문이다.

1774년 알브레히트 폰 할러Albrecht von Haller는 진화를 전성의 축소형 개체로부터 배(胚)가 자라난다는 이론, 즉 전성설 preformation theory을 설명하는 용어로 처음 썼다. 그는 진화를 축소형 개체가 배의 발생 과정을 거치면서 점점 '펼쳐진다 evolve'라는 의미를 담은 개념으로 인식한 것이다. 다윈의 시대가 되면 진화는 이미 단순한 것에서 복잡한 것으로 질서 있게 전개된다는, 점진적 발달과 발전의 개념이 담긴 의미로 쓰이게 된다. 따라서 다윈은 진화라는 용어에 자신의 사유를 담을 수가 없어 그것을 사용하지 않으려 했던 것이다.

《종의 기원》의 마지막 장에서 다윈은 자연 선택설의 발견으로 인해 "인간의 기원과 그 역사에 새로운 빛이 주어질 것이다"[11]라고 언급하는 정도에 그쳐, 자신의 이론을 인간의 진화에 적용하는 데 신중한 태도를 견지했다. 그러나 다윈의 신중한 자세에도 불구하고《종의 기원》의 출판은 자연에서 인간이 차지하는 위치의 문제와 진화론을 인간 사회에 적용하는 문제에 관해 폭넓은 관심을 불러일으키는 계기가 되었다.

연구서《다윈과 일반 독자Darwin and the General Reader》에서 스웨덴의 언어학자 알바르 엘레가르드Alvar Ellegard는 《가디언Guardian》,《스펙테이터Spectator》,《일러스트레이티드 런던 뉴스Illustrated London News》등 200여 종의 신문과 잡지 기사를 분석해《종의 기원》이 출판되고 약 10년이 지나자 상당한 규모의 대중 독자들이 진화론으로 '개종' 했다고 밝혔다.[12] 엘레가르드의 연구는 진화론이 일반 대중에게 수용되어가는 과정을 분석한 것이다. 그런데 여기서 진화론의 대중적 수용보다 더 주목해야 할 점은, 진화론 및 자연 선택설에 입각해 인간 사회를 설명하는 것이 당시의 진화론자들 사이에 중요한 과제로 대두했다는 점일 것이다. 사실 진화론은 이단적 사상으로 취급되긴 했으나 19세기 전반에 이미 사회에 널리 퍼져 있었다. 진화론은 공개적으로 논란을 불러일으키며 공격을 받았지만 많은 박물학자들이 진화론을 부분적으로 인정하거나 최소한 검토할 만한 대상으로 삼았다.[13] 《종의 기원》 출판은 이러한 지적 토양에 활기를 불어넣은 계기가 되었던 것이다. 따라서 다윈이 신중한 태도를 보였다고 해도 생물 진화뿐만 아니라 인간의 유래와 인간 사회의 진화는 곧 긴급한 관심사로 떠오를 수밖에 없었다. 그러나 1859년부터 1871년 사이에 다윈과 자연 선택의 공동 발견자 월리스, 우생학의 창시자 골턴, 자유주의 성향의 저술가 윌리엄 그레그William Rathbone Greg가 인간 사회의 진화를 논하는 논문과 책을 집중적으로 쏟아낸 것도 놀랄 만한 일이 아니었다.

골턴은 1865년에 발표한 논문 〈유전적 재능과 형질Hereditary Talent and Character〉에서 '자연 선택의 법칙'이라는 표현을 여러 번 썼으며, 1869년에 펴낸 저서 《유전적 천재*Hereditary Genius—An Inquiry into Its Laws and Consequences*》에서도 '자연 선택', '자연 환경에의 적응'이라는 표현을 썼다. 골턴은 자연 선택의 작용이 인류의 진보를 담보하는 계기로 작용하는가에 대해서는 비관적인 견해를 보이고 자연 선택의 이면에 있는 소위 '역선택'에 주목했다. 〈유전적 재능과 형질〉에 나오는 다음 구절은 이러한 골턴의 견해를 잘 보여준다.

문명화의 효과는 자연 선택 법칙의 적용을 감소시키는 방향으로 작용한다. 미개 상태에서는 생존 경쟁에 의해 퇴화해야 할 허약한 개체가 문명사회에서는 살아남는다. 궁핍한 가정의 건강한 사람보다 유복한 가정의 병약한 사람이 살아남아 자손을 남길 기회를 얻는 경우가 많다. 지적 능력의 면에서도 육체의 경우와 마찬가지다…문명사회에서는 자연 선택의 법칙과 그 법칙에 의한 정당한 희생자 사이에 화폐와 제도가 방패막이로 자리 잡고 있다.[14]

이러한 사태를 개선하기 위해서 골턴은 동물의 혈통 개량처럼 인간에게도 형질의 개량이 필요하다고 주장한다. 골턴은 "말이나 소 등의 혈통을 개량하는 데 드는 비용과 노력의 20만 분의 1만이라도 인간 종족의 개량을 위해 사용한다면 천재의 세상을 만들어낼 수 있을 것이다"[15]라고 말한 바 있다.

이처럼 역선택에 의한 '퇴화'를 방지하고 인류의 질적 향상을 도모하기 위한 수단으로서 골턴이 생각해낸 것이 우생학이었다. 그런데 골턴이 우생학을 고안해낸 계기가 된 역선택의 문제에 대해서는 다윈 역시 언급하고 있었다. 다윈은 저서 《인간의 유래 *Descent of Man*》(1871)에서 자연 선택설을 문명사회에 적용할 때의 문제점에 대해 다음과 같이 논했다.

미개인들 중 몸이나 마음이 허약한 개체는 곧 제거된다. 그리고 생존하는 개체는 일반적으로 강인한 건강 상태를 보인다. 반면 문명화된 우리들은 허약한 개체가 제거되지 않도록 하기 위해 최대한 노력을 기울인다. 우리는 저능아나 불구자, 병자를 위해 보호 시설을 세우고 구빈법을 제정한다. 의사는 모든 사람의 생명을 구하기 위해 최후의 순간까지 최대한의 기술을 발휘한다⋯그러므로 문명사회에서는 허약한 개체가 그들의 자손을 퍼뜨리게 된다. 가축의 품종 개량을 해본 사람이라면 누구나 이것이 인간 종에게 크게 해가 된다고 생각할 것이다. 가축의 번식에 관심을 기울이지 않거나 잘못 기울였을 때 가축의 퇴화가 아주 빨리 일어난다는 사실은 놀랍다. 그러니 인간의 경우와 달리 가축에게는, 누구도 자신이 키우는 동물 중에서 가장 형편없는 개체를 번식시킬 정도로 무지한 사람은 아마 없을 것이다.[16]

위의 내용에서 알 수 있듯이 다윈은 문명의 발달이 자연 선택의 작용을 억제해 육체적·정신적으로 허약한 사람이 증가하면 생물학적으로 바람직하지 않은 결과를 가져올 수 있음을 인정했다. 그는 위의 인용문 바로 앞에서는 그레그와 월리스, 골턴을 인용했다. 다윈은 1860년대 이전부터 '부적격자의 생존survival of the unfit'을 인식하기 시작했지만 이 문제에 확신을 갖게 된 것은 골턴의 〈유전적 재능과 형질〉을 읽고 나서부터였다고 한다.[17]

부적격자의 생존이 생물학의 차원에서 해롭다고 보았다는 점에서 다윈의 인식은 골턴과 일치한다. 그러나 그렇다고 해서 다윈이 골턴의 우생학에 공감했던 것은 아니다. 실제로 다윈은 골턴 앞으로 보낸 편지에서 "인종 개량이라는 목표는 위대하지만, 인간의 유전적 관리를 꿈꾸는 당신의 계획은 실현 불가능하다"[18]며 우생학의 유토피아적 성격을 비판했다. 문명사회나 국가의 번영과 퇴화가 생물학적 요인만으로 결정될 만큼 단순하지 않다고 강조해온 다윈으로서는 우생학의 전제를 받아들일 수 없었으며, 보다 근본적으로 인간의 도덕성에 대한 논의에서 다윈은 우생학과는 다른 전제에서 출발하고 있었다.

인간의 도덕 감각의 발달에 대해 다윈은 약자에게 구원의 손을 뻗치는 것은 인간이 갖고 있는 당연한 본성이라고 보았다. 이러한 도덕 감각은 인간에게 원래부터 갖춰져 있는 '공감의 본능instinct of sympathy'에서 생겨난다. 도덕의 기원이 되는 '이타성altruism'의 메커니즘은 진화의 과정에서 작용하고 있기 때문이다. 도덕이 '획득된 습관'이 아니라 '자연 선택'에 의해 생겨난 것이라고 설명하기 위해 다윈이 제시한 가설은 다음과 같다. 도덕적 능력은 한 부족의 내부에서 부족 성원들 간의 공감을 통해서 모방되고 전파되어 발달한다. 그 결과 부족과 부족 사이의 경쟁에서 도덕적으로 우수한 개체 수가 많은 부족이 승리를 거두어 인류 전체의 도덕적 능력은 진보하게 된다.[19] 이와 같이 다윈은 인간에게 갖춰진 공감의 본능이 자연 선택에 의해 도덕으로까지 진화한다고 봄으로써 문명사회에는 생물학적 원리뿐 아니라 도덕적 원리도 함께 작용하고 있음을 증명하려고 했다.

그러나 다윈은 고도로 문명화된 국가에서는 자연 선택에 의존하는 정도가 낮아진다고 하면서도 "그럼에도 불구하고 같은 공동체 내에서 지적 능력이 뛰어난 사람은 지적 능력이 떨어지는 사람보다 장기적으로는 보다 큰 성공을 거두어 보다 많은 자손을 남길 것이다. 그리고 이것은 자연 선택의 하나의 형태인 것이다"[20]라고 했다. 여기서 다윈은 문명 발달에서의 사회적·문화적 요인의 영향을 강조하면서도, 문명사회에서도 자연 선택의 기능이 완전하게 제거되지 않는다는 것을 강조하고 있다. 다윈은 이 부분에서 윌리스와 견해가 갈린다.

월리스는 인간은 일정한 단계까지 진화한 후에는 자연 선택이 아니라 다른 요인에 의해 진화한다고 주장했다. 월리스는 인간이 하등 동물로부터 진화해온 것을 부정하는 것은 아니라고 전제하면서도, 인간과 인간 이외의 동물에게서 자연 선택은 다르게 작용한다고 주장했다. 1864년에 발표한 〈자연 선택의 법칙 아래에서의 인종의 발달The Development of Human Races under the Law of Natural Selection〉에서 월리스는 자연 선택은 인간의 신체적 특징에는 작용하지 않는다고 논했다. 인간은 뛰어난 지적 능력을 갖게 됨에 따라 의복이나 무기를 만들어낼 수 있고 농경을 통해 식량을 항상 얻을 수 있게 되었기 때문에 환경 조건의 변화에 자신의 신체를 적응시켜갈 필요가 없어졌다. 다만 월리스는 지성이나 도덕적 능력 등 뇌의 기능에 관련되는 부분에 한해서는 자연 선택이 작용한다고 보았다.[21]

그러나 월리스는 이후 입장의 변화를 보이는데, 1870년에 〈인간에게 적용될 경우의 자연 선택의 한계The Limits of Natural Selection as Applied to Man〉에서는 인간의 경우 자연 선택이 정신적 능력에만 관련된다는 기존의 입장을 버리고, 정신적 능력은 자연 선택에만 의존하지 않는다고 보았다. 즉, 자연 선택의 작용이 생물에 있어 유리한 형질을 보존하고 불리한 형질을 제거하는 것임에도 불구하고 현존하는 생물 특히 인간에게 유해하거나 소용없는 형질이 아직 존재하는 이유를 설명하기 위해서는 자연 선택 이외에 신 같은 전능한 존재의 계획적인 작용을 상정할 필요가 있다고 논했다. 자연 선택설로는 정신 능력의 작용을 모두 설명할 수 없기 때문에 초자연적인 힘의 작용을 도입하고자 한 것이다.

문명의 발달이 자연 선택에 대한 억지력이 된다는 점을 인식했다는 면에서 윌리스와 골턴은 공통점이 있다. 그러나 윌리스는 문명의 발달이 인류의 정신적·도덕적 능력의 진보를 수반한다고 낙관적으로 본 반면, 역선택에 의한 퇴화에 주목한 골턴은 이에 대해 비관적인 인식을 보였다. 윌리스는 문명의 발달을 위해서는 "소수의 인간이 완전한 수준에 도달하는 것보다 평균의 수준을 올리는 것이 중요하고, 따라서 가장 낮은 부분을 제거할 필요가 있다"[22]고 인정하면서도 우생학처럼 인위적 수단을 이용하는 것에는 반대했다. 그 대신에 개인 특히 여성이 자유롭게 배우자를 선택하고 각 문명의 단계에서 가능한 최상의 교육을 받아 여론을 형성할 지혜를 기르는 편이 시간은 걸릴지 모르지만 지속적으로 인간의 질을 높이는 방법이라고 말했다.

골턴은 자서전에서《종의 기원》이 평생 잊지 못할 큰 감명을 주었다고 여러 번 언급했다. 그러나 이는 다윈의 권위를 의식한 의도적인 회상일 가능성이 높다. 실제로 골턴은《종의 기원》초판을 읽고 네 군데에 간단한 메모를 남겼을 뿐이라고 알려져 있다.[23] 계단을 한 층씩 올라가는 단선적인 진보가 아니라 어디로 뻗어갈지 모르는 가지치기[分枝]ramification의 과정으로서 진화를 이미지화한 다윈의 합리적인 핵심을 골턴은 이해하지 못했던 것으로 보인다. 진화를 진보와 동일시하고 인간의 육체적·정신적 특성의 차이를 단선적 진화의 사다리 위에 배치하는 경향은 비단 사회다윈주의Social Darwinism 에서뿐 아니라 빅토리아 시대에는 일반적인 것이었다. 18세기 계몽주의의 유산인 진보 사상은 진화론과 결합되면서 진화가 덜 된 '열등한' 개체나 집단과 진화가 진행된 '우수한' 개체나 집단 사이에 위계질서를 부여하는 논리로 변모했다. 자조self help를 통해 진보의 계단을 한발 한발 올라야 한다는 윤리는 19세기의 시대정신이었다.

결국 우생학은 매우 긴 시간을 단위로 펼쳐지는 진화의 과정을 짧은 시간에 압축해 인위적으로 조작할 수 있다고 통속화함으로써 세대 간의 교배에 의해 '우수한 인종'을 만들고자 했다. 우생학은 다윈 진화론이 만들어낸 지적 자기장 속에서 등장한 논리였으며 진화의 이면에 내재된 역선택을 멈추는 방법으로서 제시된 것이었다.

3. 우생학의 탄생

골턴의 우생학은 진화론과 퇴화론의 산물인 동시에 퇴화로부터 개체를 구제하고 종을 개량하기 위한 '재생의 과학'이기도 했다. 종의 개량을 위해 '정상'과 '비정상'을 구분하고 제거되어야 할 '부적격자'를 규정하는 과정에는 이제 막 학문적 체계를 갖추기 시작한 통계학이 쓰였다. 영국에서 통계학 붐이 일어난 것은 1830년대부터였다. 1832년에 상무성Board of Trade에 통계국이 설치되었고 1837년에는 인구통계기록국이 만들어졌다. 민간 기관으로는 1833년에 영국과학진흥협회British Association for the Advancement of Science에 통계학 분과가 설치된 것을 시작으로 1834년에는 통계학회Statistical Society, 1835년에는 왕립런던통계학회Royal London Statistical Society가 창립되었다.

초창기의 통계학은 우생학과 관련을 맺으며 발전했다. 통계적 측정과 인류 개량의 기획 사이에는 논리적 연관성이 있었다. 우생학은 개량의 단위를 인간이라는 종으로 보고, 선택적 생식에 의해 바람직한 유전자가 집단에서 차지하는 빈도를 높이는 것을 개혁으로 본다. 인구를 '정상적인 인구'와 '비정상적인 인구'로 나누고 기준에 맞지 않는 비정상적인 집단을 정상에 근접하게 만들어 전체 인구의 질을 높이는 것이 우생학의 목표이다.

인구를 정상과 비정상으로 나누는 발상은 모든 현상이 통칭 '벨 커브bell curve'라고 불리는 정규 분포normal distribution 곡선을 그린다는 전제 위에서 성립된다. 골턴은 근대 통계학의 아버지라고 불리는 벨기에의 천문학자 케틀레Lambert Adolphe Jacques Quetelet의 학설에 감명을 받았다. 케틀레는 스코틀랜드 병사의 신체 치수를 조사해 정규 분포 곡선을 얻었으며, 인간을 포함한 생물 대부분의 특징은 정규 분포에 따른다고 보았다. 골턴은 1863년에 처음 케틀레의 연구를 접하고 자극을 받아, 자신이 공부했던 케임브리지 대학에서 7,634명의 학생들을 대상으로 우등 학위 취득을 위한 수학 최종 시험 성적을 조사했다. 그 결과 시험 성적이 정규 분포를 그린다는 사실을 밝혀냈다.[24]

나아가 골턴은 케틀레가 측정했던 키나 가슴둘레가 정규 분포를 그린다면 두뇌의 크기나 용량, 지적 능력에 있어서도 마찬가지일지 모른다고 생각했다. 그 결과 가장 탁월한 능력을 지닌 집단과 가장 열등한 집단이 양극에 배치되고 분포의 측정치가 케틀레의 결과와 일치된다는 사실을 밝혀냈다. 1869년에 출판한 저서 《유전적 천재Hereditary Genius》에서 골턴은 "탁월한 재능을 갖고 있는 인간의 수는 항상 백치와 같은 비율로 존재"[25]한다고 말한다.

정규 분포 곡선은 정상에서 벗어난 최상과 최저의 양극단이 함께 나타나기 때문에 일탈deviation과 이상extremes을 동시에 표현하는 곡선이기도 하다. 통계학은 정상의 개념을 제시함으로써 어느 부분이 정상의 범위를 벗어난 일탈인지를 결정한다. 일단 정상과 비정상이 정해지면 그다음으로는 정상과 비정상에 선악의 가치 판단이 부여되고, 그다음에는 비정상을 정상으로 만들겠다는 욕망이 작용한다. 골턴의 우생학은 바로 이러한 욕망을 '과학'으로 만들려는 기획이나 다름없었다.

그런데 여기서 골턴은 딜레마에 부딪힌다. 정규 분포 곡선상의 양극단에 바람직하지 않은 부분과 바람직한 부분이 동일한 비율로 존재한다고 한다면 어떻게 뛰어난 능력을 가진 '바람직한 개체'의 수만 늘릴 수가 있을까? 인간의 신체적·정신적 특성의 통계치가 항상 정규 분포를 그리게 된다면, 바람직한 형질만 늘리는 것은 어떻게 가능할까? 만일 골턴이 평균치를 향상시키는 방향으로 종의 개량을 구상했다면 우생학은 평등주의적 방향으로 귀결될 수도 있었을 것이다.

그러나 골턴은 '평균' 대신 '서열'에 집착했다. 종 모양을 그리는 정규 분포 곡선의 형태를 그대로 인정한 채 정규 분포에서 '평균치mean'가 아니라 '중앙치median'에 주목하도록 발상을 전환한다. 또한 정규 분포 이외에 바람직한 특성을 표현하는 우측 부분의 선이 상향하는 별도의 그래프를 작성해 바람직한 부분인 이상적인 신체를 늘리려고 시도한다.

따라서 골턴의 우생학은 '초인superman'을 만드는 것도, 평균을 상승시키는 것도 아니었다. 당시 영국 사회의 위계질서를 그대로 유지한 채 각 계층의 유전적인 소질을 향상시키려는 시도였다. 골턴이 이상으로 삼은 사회는 중세 사상에 등장해 18세기 자연 신학에서 유행한 '존재의 연쇄Chain of Being'에서 보이는 것처럼 사회의 각 성원이 각자가 속한 계급에서 정해진 숙명에 따름으로써 전체 질서가 유지되는 사회였다. 이러한 골턴의 사회관은 평등한 사회를 지향하기보다는 현재 상태를 유지하는 보수적인 입장으로 귀결되기 쉬웠다.

골턴이 영국 사회의 계급 구조를 어떻게 인식하고 있었는지는 그가 1901년 10월 29일 인류학회에서 했던 기념 강연에서 잘 드러난다. 골턴의 강연 제목은 "현존하는 법과 정서 아래에서 가능한 인류의 혈통 개량The Possible Improvement of the Human Breed, under the Existing Conditions of Law and Sentiment"이었다. 이 강연에서 골턴은 빅토리아 시대 사회 조사의 선구자 찰스 부스Charles Booth가 사용한 사회 계급별 분류 카테고리를 이용해 '시민적 가치'가 각 사회 계급에 어떻게 분포하고 있는지를 말했다. 골턴의 정의에 따르면 시민적 가치는 육체적 능력과 정신적·도덕적 능력을 종합한 개념으로서 개인이 생존 경쟁을 견디며 활력 있는 삶을 영위하기 위해 꼭 필요한 '재능talent'의 총체이다. 골턴은 키가 유전된다는 경험적 사실을 근거로 시민적 가치도 유전된다고 유추한다.[26] 골턴의 논리적 비약은 여기서 멈추지 않고 시민적 가치의 우열을 '유전적 가치'와 동일시하고 그것을 현재의 '사회적 지위'와 일치시키는 경지까지 도달한다.

골턴은 '타고난 형질'과 '마땅히 누려야 할 지위'가 일치하지 않을 수 있다는 점을 인식하고 있었다. 그는 '있어야 할 사회적 지위를 누리지 못하는 사람'은 하층 계급뿐 아니라 귀족 사이에도 존재한다고 말한다. 개체의 형질과 사회적 지위 사이의 불일치는 무지한 하층 계급뿐 아니라 게으르고 무능한 귀족에게서도 보인다는 것이다. '천한 출신' 중에서도 '우수한 자질'을 가진 개체가 숨어 있을 가능성은 있다. 이런 면에서 골턴은 능력주의, 실력주의에 대한 신념을 갖고 있었다. 그러나 골턴은 영국 사회는 계급 간 이동이 개방적이기 때문에 하층 계급 중에서 뛰어난 재능을 가진 사람들은 이미 상향적 사회 이동을 달성해 현재 사회의 위계질서에서 있어야 할 지위에 올라갔다고 보았다. 따라서 골턴의 우생학은 능력주의적 전제에도 불구하고 평등주의적 구상이 될 수 없었다.

골턴이 이러한 사회관을 갖게 된 것은 그의 출신 가계와도 관련이 있다. 골턴은 다윈가, 웨지우드가, 버틀러가와 같은 명문가 출신이었다. '지적 귀족'이라 불린 이런 가문은 성공한 부르주아 사업가의 후손들로서, 상속받은 유산 덕분에 대학교수나 교육, 문예 등의 전문직에 종사하며 빅토리아 시대의 다른 엘리트 그룹과 구별되는 독자적인 정체성을 형성하고 있었다. 골턴은 지적 귀족 집단의 일원으로서 또 전문 직업인으로서 과학자의 위상을 정립하는 데 열심이었다.[27] 일례로 그는 1860년 옥스퍼드 대학에서 열린 영국과학진흥협회에서 벌어진 윌버포스Samuel Wiberforce 주교와 토머스 헉슬리Thomas Henry Huxley 사이의 논쟁에 참여해 헉슬리의 편을 들었다. 윌버포스의 기독교 신앙 옹호론에 대항해, '다윈의 불도그'라 불렸던 진화론자 헉슬리의 과학적 자연주의의 편에 선 것이다. 골턴과 헉슬리에 따르면 자연과학적 지식이 기독교 신앙을 대신해야 하며 과학자의 임무는 단순히 기술적 측면에 그쳐서는 안 되고 국가의 복지에 복무하는 것이어야 한다. 문명의 진보를 위해서는 과학적 지식이 사회를 지배해야 하며, 세습적 특권이나 금권이 아니라 과학자의 전문적 능력이 필요하다는 것이다.[28] 골턴이 말년에 쓴 미완성 유토피아 소설《어디에도 없는 곳》에서 묘사한 이상 사회의 모습도 전문가 엘리트 집단에 의한 과두제 지배와 다를 바가 없었다.

유전에 관한 골턴의 최초의 연구는 자신이 속한 지적 귀족 집단을 관찰한 내용을 일반화하는 데서 출발한다. 골턴은 유전학이 아직 학문으로서 체계를 갖추기 전이던 1860년대경부터 유전에 관한 연구에 몰두했다. 1860년대 당시 유전 연구는 아직 미개척 분야였다. 골턴이 '양육'이 아니라 '본성'이 인간의 형질을 결정한다고 보고 인공적 선택을 통한 인종 개량 프로젝트, 즉 우생학을 주장하기 위해서는 환경 요인과 명확히 구별되는 유전 요인의 정식화와 연구 방법의 개발이 필수적이었다. 골턴은 당시 혼란스럽게 사용되고 있던 유전 개념을 세대 간의 형질 전달이라는 현상으로 한정하고, 유전 현상이 계량과 측정, 통계적 처리가 가능한 연구 대상이라는 것을 밝혀 근대 유전학이 확립되는 데 커다란 자극을 주었다.

골턴은 처음에 지문에 관해 연구하기 시작한다. 지문과 같이 신체에 나타나는 특성과 그 차이가 개인의 고유성을 형성하는 바탕이라는 인식에서부터 골턴의 우생학은 출발했다. 자서전에서 골턴은 '주의 깊게 선택된 결혼'에 의해 우수한 자손이 태어날 수 있다고 생각하게 된 것은 1860년대였다고 회상했다.[20] 골턴이 주목한 것은 뛰어난 재능과 지성의 유전이었다. 그가 자신의 가족과 친척, 친구들의 가계를 조사한 결과 천재적 재능은 대대로 계승된다는 사실을 알게 되었고, 이것이 천재와 유전의 관계를 연구하는 계기가 되었다는 것이다. 그 결과 나온 저서가 《유전적 천재》이다. 골턴은 자신을 포함한 지적 엘리트 집단의 혈연적 연결망을 우수한 지적 능력이 유전된다는 경험적 증거로 해석했다.

《유전적 천재》에서 골턴은 두 가지 점을 강조한다. 우선, 뛰어난 재능은 선천적이라는 것이다. 즉 엘리트는 '완성되는 것

이 아니라 태어난다'는 것이다. 두 번째는 설령 우수한 개체
가 엘리트의 범위 밖에서 태어난다 하더라도 엘리트가 되는
데 장해는 없다는 것이다. 영국의 개방적인 엘리트 충원 시스
템이 하층 계급의 상향 이동을 보장하고 있기 때문에, 능력 있
는 개체가 엘리트가 되지 못하는 사태는 발생하지 않는다는
것이다.[30]

　엘리트 출신이라는 존재론적 이유 이외에 골턴이 '사회적 지
위'와 '유전적 우열'을 동일시하게 된 내재적 원인은 그가 유
전 연구로부터 획득 형질 유전의 부정이라는 결론에 이르렀
다는 것이다. 획득 형질이 유전되지 않는다면 부모 세대에서
획득된 형질 개량은 자식 세대에 전달되지 않는다. 환경 개선
과 같은 방법을 통해서는 종의 개량이 이루어질 수 없다는 의
미이다. 따라서 종의 개량은 '적격자'의 생식을 장려하고 '부
적격자'의 생식을 억제하는 우생학에 의지할 수밖에 없게 되
는 것이다.

　사실 1860년대에서 1880년대까지 진화론과 유전에 관해서
는 라마르크주의Lamarckism[31]가 지배적인 패러다임이었다.
즉, 인간의 정신적 능력은 유전보다는 환경에 의해 결정된다
고 보는 견해가 일반적이었다. 라마르크주의는 자유방임론과
국가 간섭론 모두에 영향을 주었다. 프랑스의 자연학자 라마
르크Jean Baptiste de Monet Lamarck가 제시한 획득 형질 유
전설은 스펜서처럼 개인의 자조self help를 최상의 가치로 보
는 사회 진화론자에게는 자유방임의 근거가 되었고, 진화론을
통해 사회 개혁의 필요성과 정당성을 주장하는 지식인들 사이

에서는 환경 개혁의 근거를 설명해주는 이론으로 쓰였다.

라마르크주의에 영향을 받은 사회 진화론자 스펜서는 부모 세대의 경험이 축적되어 자식 세대에 전달된다고 보았다. 생활고를 경험한 '부적격자'는 자신의 고생을 반복하지 않기 위해 절약과 근면을 자식에게 가르칠 것이고 그렇게 되면 자식은 '적격자'가 될 수 있다는 것이다. 정부의 지나친 개입과 관리는 '부적격자'가 당연히 감수해야 할 자극을 빼앗아 자조를 실현하지 못하게 하기 때문에 자유방임주의자 스펜서는 국가의 간섭을 반대했다.[32]

라마르크의 주장대로 후천적인 획득 형질이 유전된다면 인간 형질의 대부분은 환경 개혁을 통해 개선될 수 있다. 환경 개선이 인간성의 개선으로 연결된다고 보는 환경 개혁가들은 라마르크주의를 이론적 기반으로 삼아 금주 운동, 위생 개혁 운동 등의 사회 개혁 운동을 추진했다. 음주, 범죄, 비위생적 습관 등 후천적으로 획득된 형질은 다음 세대에 유전되기 때문에 환경적 조건을 갖추는 것만으로도 차세대를 개선할 수 있다는 것이 환경론의 논리였다.

획득 형질 유전론에 대해 진화론자들 사이에 합의가 형성되어 있던 1880년대까지는 골턴의 우생학은 거의 주목받지 못했다. 그런데 독일의 진화생물학자 바이스만August Weismann은 1883년 라마르크와는 달리 환경의 영향을 받지 않는 유전 물질인 '생식질germ plasm'이 존재한다는 '생식질 연속설continuity of germ plasm'을 주장했다. 바이스만의 학설은 1890년대부터 유전을 설명하는 유력한 학설로 받아들여지기 시작했으며, 골턴의 우생학이 주목받을 수 있는 토양을 마련해주었다.

유전 물질의 존재에 대해서 다윈은 획득 형질의 유전을 인정하고 있었다. 다윈은 자연 선택설로 변이의 기원과 유전의 메커니즘을 일관되게 설명하지 못하고 넓은 의미로 획득 형질이 유전될 가능성을 인정하고 있었다. 다윈에 의하면 개체가 획득한 새로운 형질은 '제뮬gemmules'이라는 입자에 의해 혈관을 통해 생식기에 모여 자손에게 전달된다.

그런데 1870년대에 골턴은 토끼를 이용한 동물 실험에서 다윈의 설을 부정하고 획득 형질과는 달리 한 세대에서 다음 세대로 형질을 전달하는 잠재적 물질이 존재하는 것이 아닐까하는 생각을 전개시켰다. 골턴은 이 유전 물질을 '스텁stirp'이라고 명명했다. 골턴은 바이스만의 '생식질 연속설'이 나오기 전에 독자적으로 획득된 형질은 유전되지 않는다는 결론에 도달했던 것이다.[33] 여기에 1880년대 말부터 바이스만의 이론이 유전을 설명하는 유력한 이론으로 부상하게 되면서 골턴의 우생학은 사회적으로 주목받게 되었다.

골턴은 '우생학'이라는 용어를 창안하기 전에 같은 의미로 '농업agriculture'이나 '원예horticulture'를 연상시키는 'viriculture', 'stirpiculture' 같은 용어를 만들기도 했으나, 1883년부터는 우생학이라는 용어를 일관되게 사용했다. 그런데 우생학이란 무엇인가에 대해서 골턴은 뉘앙스가 다른 두 개의 정의를 내리고 있다. 우선 우생학이란 "정신과 육체의 양면에서 차세대 종의 질을 좋게 혹은 나쁘게 하는 작용과 요인에 대해서 연구하고, 이를 사회의 통제 아래에 두는 것을 목표로 하는 과학"[34)이라는 정의이다. 이 정의는 우생학이라는 개념을 처음 사용한 1883년의 저서 《인간의 능력과 그 발달에 관한 연구》에 나온 것이며 1908년에 출판된 자서전에도 실렸다. 두 번째 정의는 1904년에 열린 제1회 영국 사회학 대회에서 골턴이 말한 것으로, 여기서 골턴은 우생학이란 "인종의 질적 개량에 영향을 주는 모든 요인, 그리고 인종의 질을 최대한 발전시키는 데 관련되는 모든 분야를 취급하는 학문"[35)이라고 정의했다.

첫 번째 정의는 골턴의 제자로서 1904년에 설립된 '우생학 연구소Eugenics Laboratory' 소장으로 취임한 칼 피어슨Karl Pearson과의 토론 끝에 내려진 결론이었다. 이 정의는 나쁜 형질의 발견과 이에 대한 사회적 통제의 필요성을 강조한다. 우생학 연구소는 1904년에 골턴이 런던 대학 유니버시티 칼리지에 연간 500파운드의 자금을 기부해 연구원의 급료를 제공하고 대학 측이 연구실과 설비를 제공해 설립된 연구소로, 1907년에 설립된 우생교육협회와 함께 영국에서 우생학 운동을 담당한 대표적인 기관이었다. 우생교육협회가 우생학 운동의 대중적인 측면을 담당했다면 이 연구소는 우생학을 새로운 학문으로서 정초하는 역할을 맡았다. 그런데 두 기관은 우생학 운동의 양 축을 이루고 있었지만 협력하기보다는 충돌하는 경우가 더 많았다. 특히 우생학 연구소의 소장을 맡은 통계학자 피어슨은 우생교육협회의 활동이 아직 정립되지 않은 '과학으로서의 우생학'의 위상을 손상시킨다고 판단해 협회에 참가하지 않았고, 사사건건 협회를 비난하는 발언을 했다.

우생학 연구소의 설립 즈음에 우생학의 정의와 연구소 운영, 자금 조달 등에 대한 소위원회가 열렸고 여기서 우생학의 개념 정의를 둘러싼 논쟁이 벌어졌다. 골턴은 사회학 대회에서 말했던 후자의 넓은 정의를 선호한 반면, 피어슨이 중심이 된 소위원회는 전자의 정의가 더 적합하다고 보았다. 결국 골턴이 전자의 정의를 받아들이는 것으로 결론이 났고, 이에 따라 우생학 연구소에서 발행하는 각종 간행물의 맨 앞 페이지에 이 정의가 들어갔다.

한편 1904년 5월에 런던 경제 대학에서 열린 제1회 영국 사회학 대회에서 골턴은 "우생학—정의, 전망, 목적Eugenics—Its Definition, Scope and Aims"이라는 강연을 통해 앞서 언급한 대로 우생학에 대해 두 번째 정의를 내렸고, 유전 지식의 보급, 국가와 문명과 사회 계급의 융성과 소멸에 대한 역사적 연구, 번성한 가계에 대한 체계적인 정보 수집, 결혼에 대한 영향 연구 등을 우생학의 연구 분야로 들었다.

골턴은 '부정적 우생학'에 중심이 놓인 첫 번째 정의보다 '긍정적 우생학'을 중시하는 두 번째 정의를 즐겨 사용했다. 골턴은 우생학에서 부적격자의 생식을 억제하는 부정적 우생학이 아니라 적격자의 생식을 장려하는 긍정적 우생학을 더 강조했던 것이다. 1901년에 《네이처*Nature*》지에 발표한 논문에서도 골턴은 "국민의 질적 개량의 성공 여부는 최하층 집단worst stock의 생식을 억제하는 것보다 최상층 집단best stock의 생식력을 어떻게 끌어올리는가에 달려 있다"[36]라고 말했다. 골턴은 부적격자의 제거는 어느 정도까지는 자연 선택의 작용에 맡기고, 계획적이고 인위적인 개입은 '적극적 우생학'의 방향으로 진행하는 편이 인종 개량을 위해 좋은 방법이라고 보았던 것이다.

인종의 개량을 보다 넓은 범위에서 파악하는 두 번째 정의를 따르게 되면 우생학은 엄격한 유전 결정론에서 다소 벗어날 수 있게 된다. 유전적 요인뿐 아니라 환경적 요인까지도 우생학의 한 부분으로 도입할 수 있는 가능성이 열리는 것이다. 따라서 우생주의자 중에서 개혁 성향의 인물들은 사회학 대회에서 골턴이 주장한 정의를 기꺼이 사용했다. 우생교육협회가 발행하는 잡지 《우생학 평론*Eugenics Review*》에도 이 정의가 자주 인용되었다.

골턴처럼 긍정적 우생학을 중시하면, '적격자'라고 여겨지는 개체가 타고난 소질을 최대한 발휘하기 위해 환경을 정비해야 한다는 견해와 결합되기 쉬웠다. 획득 형질의 유전은 부정하지만 적격자로 태어난 개체가 부모가 되어 양육에 성공하도록 하기 위해서 환경을 개혁해야 한다는 입장으로 나아가게 되는 것이다. 자녀를 낳고 기르고 보살피는 노동의 중요성을 적극적으로 평가하는 골턴의 우생학은 출산과 육아를 담당하는 여성의 역할에 대한 긍정으로 이어진다. 따라서 우생학의 등장은 남녀를 구분하는 기존의 인식에서는 '자연스러운' 여성의 영역으로 여겨지는 출산과 육아의 사회적 가치와 의미를 재평가하는 계기를 제공했다. 따라서 우생학의 두 가지 실천 중에서 긍정적 우생학에 무게를 두는 우생학의 창시자 골턴의 생각은 여성들에게 쉽게 스며들었으며 환영받을 만한 논리가 될 수 있었다.

피어슨은 골턴에게 보낸 편지에서 중간 계급 여성들 사이에 우생학이 얼마나 잘 알려져 있는지에 대해 이렇게 말한다.

우생학이란 용어가 얼마나 일반화되어 있는지를 알면 아마 놀라실 겁니다…양식 있는 보모들은 맡고 있는 아이가 병약하면 "어머나, 우생 결혼이 아니었군요!" 라고 말한답니다.[37]

우생학, 특히 '긍정적 우생학'이 보여주는 모성에 대한 찬양은 여성이 우생학을 익숙한 것으로 느끼게 했다. 1904년의 사회학 대회에서는 골턴의 강연 뒤에 피어슨, 정신과 의사 헨리 모즐리Henry Maudsley, 소설가 웰스Hebert George Wells 등이 참가한 토론이 이어졌다. 이 토론에서 웰비 부인Lady Welby이 한 다음과 같은 발언은 우생학과 여성이 연결되는 지점을 나타내는 견해로서 흥미롭다.

우생학은 여성들에게 관심의 대상이 될 수 있는 과학이다. 우선 해야 할 일은 자기희생과 모성의 의무라는 자연스러운 충동을 완수하려는 마음을 갖도록 하는 것이다. 여성들은 인류의 차세대를 낳고 길러 세대를 이어가는 임무의 중요성을 자각해야 한다.[38]

웰비 부인의 발언은 우생학이 '종의 어머니race-motherhood'를 만드는 기획이라는 점을 포착하고 있다. 골턴에 의해 창안된 우생학이 사회 운동이 될 때 여성들이 높은 참여도를 보인 것도 이러한 이유에서였다. 이렇듯 영국 인종을 퇴화에서 구하고 인종의 재생을 도모하자는 목적에서 창시된 우생학은 여성들에게 쉽게 받아들여졌다.

우생학의 등장은 여성들에게 부부의 침실에서 벌어지는 은밀한 사적 행위가 얼마나 커다란 사회적 의미를 띠는지 새삼 확인시켜주는 계기가 되었다. 성과 생식이라는 사적 영역이 국가와 사회의 공적 영역과 밀접하게 결합되어 있을 뿐 아니라 종의 미래를 방향 짓는 중대사라는 점을 우생학은 잘 말해주고 있었다. 우생학이 그저 학문 세계에 머물지 않고 사회적 파급력을 가질 수 있었던 것은 우생학이 인류의 절반을 차지하는 여성의 역할을 '종의 어머니'라는 레토릭을 통해 찬양했기 때문이다. 물론 여성 해방 운동과 우생학의 보수적인 지향 사이에는 넘기 어려운 간격이 존재한다. 출산과 육아의 사회적 의미를 강조한다고 해도 여성을 자립적인 주체로 인정하지 않는다면 여성의 몸을 재생산을 위한 도구로 만들어 버릴 위험에서 자유로울 수 없다. 그러나 이러한 위험에도 불구하고 진화 과정에서 여성의 역할에 대한 긍정을 시사하는 우생학은 당시 여성들에게 신선하게 다가왔고, 여성들은 우생학 논리를 발판으로 여성의 권리를 주장하고 모성을 보호하는 복지 서비스를 요구할 수 있었다. 다음 장에서 살펴볼 가족 수당 도입 운동과 우생학의 접합은 여성들이 어떻게 우생학을 전유했는지 보여주는 예이다.

제 2 장

긍정적
우생학

우생학에는 '부정적 우생학'과 '긍정적 우생학'이 있다. 우생학에서는 항상 이 두 가지 논리가 교차한다. 불임 수술이나 피임은 '바람직하지 않은 계층'의 출산율을 낮추는 '부정적 우생학'의 실천에 속하는 영역이다. 반면 가족 수당family allowances은 '바람직한 계층'의 출산율을 높일 수 있는 '긍정적 우생학' 실천의 방법으로 인식되었다. 제1차 세계대전과 제2차 세계대전 사이의 시기에 시작된 가족 수당 도입 운동은 우생협회가 주도한 것은 아니었다. 그러나 우생협회는 가족 수당 도입을 둘러싼 운동에 개입해 가족 수당이 인구의 양적 측면만이 아니라 질적 측면까지도 고려하는 개혁이 되어야 한다는 주장을 펼친다.

영국에서 가족 수당이 복지 제도로서 도입된 것은 1945년의 일이다. 비출자·균등률 계획non contributory flat rate scheme을 채택한 가족 수당 제도는 자녀를 두 명 이상 둔 가정에 대해 둘째 자녀부터 1인당 주 5실링의 수당을 지급하는 것으로, 아동 복지 서비스의 한 축을 이루었다고 평가받는다. 그런데 가족 수당을 정책으로 도입해야 한다는 주장은 일찍이 제1차 세계대전과 제2차 세계대전 사이의 시기부터 제기되어왔으며, 가족 수당이 정책에까지 이르게 된 논의 과정에는 다양한 추진 세력이나 지지 세력의 의도가 교차하고 있었다. 대표적인 압력 단체인 '가족수당협회Family Endowment Society'가 정력적으로 운동을 벌이는 가운데, 우생주의자들은 인구 감소에 대한 우려에서 가족 수당을 출산 장려책의 일환으로 파악하고 지지했다. 또 경제계에서 기업의 고용주 측은 가족 수당을 임금 인상 없이 노동자의 저임금을 보완할 수 있는 대안으로 보아 찬성했다. 노동자 측은 가족 수당의 도입으로 저임금 구조가 고착될 수도 있음을 두려워하면서도 개별 가계의 수입이 조금이나마 늘어난다는 점에서는 기대를 걸었다. 정부의 입장에서는 가족 수당 정책이 빈곤 대책과 임금 구조 유지라는 두 마리 토끼를 한꺼번에 잡을 수 있는 현실적인 해결책으로 보였다. 이렇게 1945년 가족 수당의 도입과 실시는 각 세력의 필요에 따라 서로 다른 목적과 의도가 교차하는 가운데 이루어지게 되었다.

원래 가족 수당이라는 발상 자체는 20세기 초 페미니스트와 사회주의자들의 '모성 수당endowment of motherhood' 구상에서 유래했다. 비록 실현되지는 않았지만 모성 수당은 무급 노동인 여성의 출산과 육아를 사회적으로 평가함으로써 남녀의 임금을 동일하게 하고 경제적 평등을 실현하고자 한 것이었다. 그러나 1945년에 실현된 가족 수당 제도는 그 기원이 된 모성 수당의 페미니스트적 이상과는 거리가 멀었다. 오히려 빵을 벌어오는 가장에 의해 부양되는 '가족'을 복지 정책의 기본 단위로 정착시키는 데 일조했을 뿐이다. 가족 수당 제도로 지급된 보조금은 소액에 불과했고 여성을 가부장의 피부양자로 묶어두는 결과를 초래했다. 하지만 그럼에도 불구하고 자녀의 양육에 드는 비용을 현금으로 어머니에게 직접 지불한다는 면에서 보면 여성의 육아 노동에 대해 어느 정도의 사회적인 평가가 이뤄졌다는 점은 부정할 수 없다.

우생협회에서 벌어진 가족 수당의 도입을 둘러싼 논의 과정을 살펴보면 항상 모자 복지와 출산 장려라는 두 개의 논점이 교차하고 있었음을 알 수 있다. 인구의 질적 개선에 집착하는 우생학은 두 논점에 모두 깊이 관여하고 있었다. 우생협회는 '적격자'의 출산과 양육을 위한 '긍정적 우생학'의 한 실천 방법으로서 가족 수당을 파악했다. 이 장에서는 전간기(戰間期) 가족 수당 도입을 위한 운동과 우생협회 사이의 관계에서 긍정적 우생학이 표출되는 양상을 살펴보고자 한다.

1. '인종의 자살'—출산율 감소에 대한 불안

(1) 출산율 감소의 통계

가족 수당을 도입하려는 움직임이 표면화된 배경에는 인구 문제를 둘러싼 논쟁이 있었다. 제1차 세계대전을 전후한 시기에는 신맬서스주의neo-Malthusianism와 반맬서스주의anti-Malthusianism의 입장이 인구 문제를 둘러싸고 대립하고 있었다. 신맬서스주의는 영국의 인구 과잉과 실업을 염려했고 반맬서스주의는 인구가 감소할 것이라고 주장했다. 인구 통계상으로 보면 인구 퇴화론에 유리한 형세였지만 불경기와 실업 문제가 심각했던 탓에 신맬서스주의적 염려도 여전히 해소되지 않고 있었다. 우생학은 출산율의 감소가 인구의 양적 감소를 초래할 것이라고 본다는 면에서 반맬서스주의의 입장을 취

한다. 하지만 하층 계급의 출산율이 높을 때 인구의 질이 떨어
질 것이라고 본다는 면에서 신맬서스주의 입장에 가깝다.

1903년에 간행된 영국 기록국의 보고서에 의하면, 15세부
터 45세까지의 기혼 여성의 출산율은 1870년대 이래 매년 감
소하고 있었다. 1870년대에 이들 기혼 여성 1,000명당 출산한
여성은 304명이었는데, 그 수는 1900년에 들어서는 288명으
로, 1903년에는 234명으로 감소했다.[39] 토머스 맬서스Thomas
Malthus의 《인구론*An Essay on the Principle of Population*》
이 유행하던 19세기 초였다면 출산율의 감소는 환영할 만한
현상이었을 것이다. 인구가 넘치면 전염병과 전쟁을 유발하기
때문에 인구의 증가는 제한해야 마땅하다는 과잉 인구론은 사
회다윈주의에서 말하는 생존 수단을 둘러싼 생존 경쟁과 최적
자 생존survival of the fittest의 근거이기도 했다.

19세기 말에 등장한 신맬서스주의는 과잉 인구가 빈곤이라
는 재앙을 가져온다는 맬서스의 기본 전제에는 동의했지만 그
대처 방법에서는 달랐다. 신맬서스주의는 인구의 과잉을 막는
방법으로서 산아 제한의 효과를 긍정적으로 인정했다. 신맬서
스주의자들은 맬서스가 주장한 결혼의 연기나 금욕과 같은 방
법은 당사자에게 큰 고통을 주기 때문에 실행이 어려워 비현
실적이라고 비판한다. 그리고 지키기 어려운 금욕 대신에 결
혼한 부부들에게 인공적인 수단에 의한 산아 제한을 장려하는
것이 인구의 과잉을 해소하는 효과적인 방안이라고 주장했다.
물론 맬서스주의도 신맬서스주의도 과잉 인구 자체를 바람
직하지 않은 현상으로 보는 시각에 있어서는 마찬가지였다.[40]

그러나 다른 한편에서는 제국주의 국가 간의 경쟁에서 최종적으로 승리하려면 오히려 인구를 적극적으로 늘려야 한다고 보는 의견도 뿌리 깊게 존재하고 있었다. "역사상 유례가 없는 거대한 식민지를 소유한 제국에는 과잉 인구란 존재할 수 없다. 영국 인종의 수를 가능한 한 증가시켜 전 지구상의 약 5분의 4를 차지하는 미개척지에 이주시키는 것이야말로 우리의 신성한 의무다"[41]라는 보수파 저널리스트 찰스 킹즐리Charles Kingsley의 발언은 이런 견해를 잘 대변해준다.

19세기 말 당시 독일 제국은 보호 관세를 높여 자국 산업의 국제 경쟁력을 보호하면서 급속히 공업 생산을 증진해 1890년대 초부터 철강 생산 분야에서 영국을 넘어서고 있었다. 식민지 획득 경쟁에 있어서도 1890년대에 독일은 아프리카 남부와 터키에서 영국과 대치하고 있었다. 게다가 빌헬름 2세가 1898년에 제1차 함대법을, 1900년에 제2차 함대법을 제정해 영국의 해군력에 대항하기 위해서 군함 건조 정책을 진행시키자 독일은 더더욱 위협적인 존재로 인식되었다. 이러한 상황에서 "제국의 인종race이 없으면 제국을 유지할 수 없다"[42]라는 세실 로즈Ceil John Rhodes의 발언은 현실감을 더해가고 있었다. '국력'을 의미하는 인구가 감소하고 있음을 보여주는 출산율 감소의 통계는 국가의 장래를 위협하는 불길한 조짐으로 보였음에 틀림없다. 출산율의 감소는 영국 인종의 '쇠퇴'를 넘어 '인종의 자살race suicide'이라는 위기의식을 불러왔다.

1903년 영국의 출산율은 1,000명당 234명으로 기록국의 통계가 시작된 이래 가장 낮은 수치를 기록했다. 그런데 기록국의 출산율 통계는 전체 인구에 대한 해당 연도의 출산율을 표시하는 것일 뿐이기 때문에 그 통계 수치만으로 우생주의자들의 주장처럼 영국민의 재생산 능력이 떨어지고 있다고 결론을 내리기에는 무리가 있었다. 이것이 유의미한 통계가 되려면 전체 인구 중 성인과 아동의 비율, 미혼과 기혼의 비율, 기혼 여성 중 가임 연령층과 비가임 연령층의 비율 등을 고려해야 한다. 또한 이민으로 인한 인구 유입과 유출, 평균 수명의 연장, 경제적 조건의 개선 등의 변화 역시 인구의 증감에 영향을 미치는 요인이다. 즉 생물로서의 인간의 재생산 능력에 변화가 생기지 않더라도 출산율의 증감은 얼마든지 나타날 수 있는 것이다. 그런데 당시의 공중 보건의 아서 뉴스홈Arthur Newsholme과 통계 전문가 스티븐슨T. H. C. Stevenson이 위와 같은 여러 요소와 변수를 고려해 통계 교정 작업을 수행한 결과 얻어낸 통계 역시 출산율이 현저하게 감소했음을 보여주었다. 이 교정된 통계에서도 1861년에 15~45세의 기혼 여성 만 명당 3,236명, 1871년에 3,312명, 1881년에 3,293명, 1891년에 3,125명이었던 출산율은 1901년 2,729명으로까지 감소하고 있었다.[43]

(2) 계급별 출산율 차이

국외적 요소인 제국주의 경쟁을 생각하면, 국력에 결부되는 인구가 줄어드는 것은 손실임에 틀림없다. 하지만 국내적으로는 여전히 과잉 인구의 문제가 해소되지 않고 있었다. 사회 조사의 선구자 찰스 부스Charles Booth가 런던의 빈민 지대인

이스트엔드에서 실시한 조사에서 밝혀진 것처럼, 제국의 수도 런던의 한복판에서조차 실업과 빈곤이 만연한 모습은 과잉 인구 문제가 여전히 존재함을 보여주는 증거였다. 이러한 상황에서 우생주의자들의 눈에 들어온 것은 출산율의 감소에 계급별로 차이가 나타난다는 사실이었다.

골턴도 능력이 있는 사람일수록 결혼을 늦게 하고 자녀를 적게 낳는 경향이 있다고 지적한 바 있지만, 이러한 경향을 '출산율의 계급 간 격차differential class fertility'라는 개념으로 정식화한 것은 런던 대학의 응용수학 교수이자 골턴의 제자인 우생주의자 칼 피어슨이었다. 아직 출산율의 감소가 여론의 관심사로 떠오르기 전인 1890년대 중반경에 이미 피어슨은 기록국의 결혼 인구와 출산율의 통계에 근거해 다섯 명 내지 여섯 명의 자녀를 둔 가족의 수는 눈에 띄게 감소한 반면, 두 명 내지 네 명의 자녀를 둔 가족의 수는 증가하고 있다고 지적했다.[40] 피어슨이 보기에 대가족의 감소는 국가 간의 경쟁을 효율적으로 수행하기 위한 '우수한 개체'를 육성하는 데 중대한 장해가 발생하고 있다는 징후였다.

다음으로 피어슨이 주목한 것은 출산율이 전반적으로 감소하는 경향을 보일 뿐 아니라 출산율의 감소 경향에 계급 차이가 있다는 것이었다. 출산율 감소 통계를 계급별로 분류해보면 감소 현상이 훌륭한 교육을 받고 성공한 중간 계급 이상에서 일어나고 있음이 드러난다는 것이었다. 피어슨은 계급별로 출산율의 감소 폭이 다른 이러한 현상이 지속되면 차세대 영국 인구는 현재 인구의 5분의 1 내지 4분의 1을 차지하는 빈곤층의 자녀들로 채워질 것이라는 전망을 내놓았다. 그렇게 되면 국가의 '효율'이 현저하게 떨어지게 된다는 것이 피어슨의 설명이다. 그는 지성과 능력을 갖춘 개체의 재생산 능력은 열등한 개체에 비해 낮은 경향이 있는 대신, 소위 '부적격자'의 과잉 출산율은 높은 사망률로 상쇄되는 것이 자연의 법칙이라고 보았다. 그런데 당시 영국 사회에서 재생산 능력의 계급 간 차이는 이러한 자연 법칙의 한계를 넘어섰다는 것이 그의 판단이었다. 이대로 사태를 방치하면 '우수한 영국인'이 독일인이나 미국인뿐 아니라 '열등한 보어인'에게도 추월당하고 말 것이라고 피어슨은 경고했다.[45]

1901년에 출판된 저널리스트 아널드 화이트Arnold White의 저서 《효율과 제국*Efficiency and Empire*》의 제목이 잘 보여주듯이, 세기 전환기에 보어 전쟁으로 위기에 직면한 영제국의 가장 큰 문제점을 '효율의 감소'라고 파악하는 인식은 당대인들 사이에서 널리 공유되고 있었다. 화이트에 따르면 당시 영국에서는 정치, 행정, 교육, 국민의 신체 등 모든 영역에 있어 비효율성이 참을 수 없는 지경에 이르러 있었다. 빅토리아 중기 영국의 번영을 지탱해온 자유주의적 가치에 대해서는 반성과 회의가 일어나고 있었고, 대중의 여론을 지나치게 의식하는 정부는 '비용이 싸게 먹히는' 정책에 집착하고 있었다. '값싸고 중립적인 척하는' 정부의 자의적이고 방만한 행정, 과학 기술 교육의 부재, 건강하지 못한 국민의 신체가 각 분야에서 '비효율'을 드러내는 증표로서 비난의 표적이 되었다. 여기서 '국가 효율'의 이데올로기가 동질적이고 일관된 정치 이데올로기를 형성한 것은 아니었지만 모든 정치 당파가 어느 정도는 그 자장 속에 몸을 담고 있었다. 관세 개혁이나 징병제를 도입하자는 주장에서부터 국민의 '퇴화'를 주장하는 우생주의자, 국가 간섭에 의한 복지 정책의 확대를 주장하는 페이비언 사회주의자[46]에 이르기까지 '국가 효율'이라는 슬로건은 실로 널리 이용되고 있었다.[47]

당시 여론을 들끓게 한 국민의 질적 '퇴화'를 둘러싼 논쟁과 관련해서도 피어슨은 하층 계급의 건강 상태의 악화가 문제의 핵심이 아니라 중간 계급의 출산율 대비 하층 계급의 상대적 출산율 증가가 퇴화 현상의 본질이라고 파악했다. 1905년에 《타임스》에 투고한 글에서 피어슨은 모든 사회학적 문제는 결국 통계의 문제임에도 불구하고 현재 행해지고 있는 '퇴화' 논쟁은 정확한 통계에 근거하고 있지 않다고 비판한다.

피어슨은 "생식에 적절하고 건강한 농촌 지역"에서 대도시로의 인구 유입 때문에 퇴화가 일어나는 것이 아니므로 도시 생활이 악의 근원이라고 보는 '도시 퇴화론'에 반대했다. 도시 생활이 퇴화의 원인이라고 증명하기 위해서는 전국 도시의 취학 아동에 대한 신체 측정 조사 등이 필요한데 이러한 통계 조사는 지금까지 실시된 적이 없으므로 그 증거를 댈 수 없다는 것이다. 피어슨은 이렇듯 통계적 근거가 빈약한 도시 퇴화론에 비해 자신이 주장하는 퇴화의 원인, 즉 '능력이 있는 종 better stock'의 출산율의 상대적 감소에는 통계적 증거가 있다고 주장했다. 도시 생활은 환경을 개선하면 쾌적하게 바뀔 수 있지만 능력이 있는 종이 인구의 일정한 비율을 차지하는

데 실패한 국가는 결국 국가 간의 경쟁에서 살아남을 수 없다고 피어슨은 역설했다.[48]

피어슨은 1840년대 이후에 공장 제도와 학교 제도의 개혁을 통해 근대적 사회 제도가 이미 정비되었기 때문에, 능력이 있다면 누구나 보다 높은 계층으로 이동할 수 있다고 보았다. 그리고 상층 계급의 카스트는 하층으로부터의 선택적 보충과 계급 내 통혼에 의해 점점 더 견고해지고 있으며, 하층 계급 중에서 능력이 있는 사람은 이미 상향 이동을 해 상층 계급의 카스트에 들어가 있으므로 현재의 하층 계급에는 더 이상 차세대의 지식 계급을 보충할 예비군이 존재하지 않는다고 생각했다. 따라서 피어슨은 '우수한 개체'는 상층 계급 내부에서 새롭게 태어나지 않으면 안 된다고 주장한 것이다.

피어슨의 이러한 사회 인식은 '전문직 중간 계급' 이데올로기를 대변하는 예가 된다. 생활 수준이 향상되고 도시화가 진행됨에 따라 의사, 변호사, 교사 등의 전문직에 대한 수요가 확대되고 전문직 종사자의 사회적 지위와 독립성도 높아지게 되었다. 전문직 중간 계급은 처음에는 귀족이나 부르주아의 이데올로기를 대변했지만 점차 스스로 자신의 사회 계급의 이데올로기를 주장하게 되었다. 이들이 바라는 이상적인 사회는 전문 지식과 실력에 근거해 기능하는 사회로서, 이런 사회에서는 '자본'이나 '노동'이 아니라 '훈련과 자격을 갖춘 전문 지식'만이 사회적 지위를 결정하고 정당화하는 요인이 되어야 한다고 보았다. 국가의 효율적 운영을 위해 능력 있는 개체의 출산율을 높여야 한다고 본 피어슨의 우생학에는 전문직 중간

계급의 실력 중심주의 사회관이 드러나 있다.[49]

한편 페이비언 사회주의자 시드니 웨브Sidney Web도 1905년에 《타임스》에 실은 논설에서 출산율 감소에 대해 논했다. 우선 웨브는 출산율의 변화가 여성의 공장 노동과 관련이 있다고 지적한다. 기혼 여성의 공장 취업 비율이 높고, 가계 수입 중에서 여성의 수입이 차지하는 비율이 높은 지역에서 출산율이 현저하게 감소했다는 것이다. 1881년부터 1901년 사이에 출산율이 가장 큰 폭으로 떨어진 지역은 핼리팩스, 번리, 블랙번, 올덤, 브래드퍼드 등이었다. 이들 지역에서는 공통적으로 섬유, 메리야스, 구두 등의 제조업이 번성했고 기혼 여성의 공장 노동 비율이 다른 지역보다 높았다. 웨브는 출산율의 감소는 기본적으로 아이를 낳고 기르는 여성들이 처한 조건에 관련되는 문제라고 보았다.[50]

그러나 웨브에게 있어서도 중요한 것은 출산율의 단순한 수량적 감소가 아니라 계급과 인종에 따라 출산율이 다르게 감소하는 것이었다. 런던의 각 지역을 비교해보면, 하인을 고용하는 계급이 많이 거주하는 지구에서는 출산율의 감소가 뚜렷하게 나타났다. 웨브는 부를 측정하는 손쉬운 지표 중의 하나로서 '하인을 고용하고 있는 인구'라는 기준을 정했다. 그리고 하인 고용 인구의 비율에 따라 런던의 구를 분류해, 구별로 출산율을 대비·분석했다. 분석 결과 인구 만 명당 출산을 한 여성의 수는 소수의 '부유한 구'에서는 평균 2,004명, 네 개의 '중간 정도의 구'에서는 2,362~2,490명인 데 반해, 일곱 개의 '빈곤 구'에서는 부유한 구보다 50퍼센트 이상이나 높은 3,078명이었다. 출산율의 감소치를 보면, 하인을 고용하고 있는 인구가 가장 적은 베스널그린에서는 1881년부터 1901년까지 출산율이 12퍼센트 감소한 반면, 하인을 고용하고 있는 인구가 가장 많은 햄스테드에서는 36퍼센트나 출산율이 감소했다. 이러한 수치를 근거로 웨브는 런던에서는 '열등한 종'이 가장 왕성하게 번식하고 있다고 추론했다. 원인이야 어찌 되었건 웨브도 상층 계급의 출산율 감소가 '종'의 질적 퇴화로 이어진다고 보았다는 점에서는 피어슨과 공통점이 있었다.[51]

또한 위의 웨브의 논설에는 자치 운동을 전개하고 있는 아일랜드의 가톨릭교도, 1880년대부터 급증하기 시작한 동유럽 출신의 유대인 이민자에 대한 차별 의식이 적나라하게 드러나 있다. 아일랜드의 가톨릭계 주민과 유대인 이민자가 많이 사는 이스트엔드의 화이트채플과 마일앤드올드타운 지역의 출산율은 런던의 다른 지역보다 높았다. 전체 결혼식의 절반 이상이 유대교 전통에 따라 치러지는 이 지역에서는 가족 구성원의 수를 제한하는 것은 종교와 관습을 거역하는 일이라고 여겨져 높은 수준의 출산율이 유지되었다. 웨브는 아일랜드인과 유대인의 출산율이 계속해서 높은 수준을 유지한다면, 영국은 가까운 미래에 이교도와 이민의 나라가 될 것이라고 우려했다.

이처럼 중간 계급의 출산율이 감소하는 현상을 '국가 효율 저하'와 등치시킨다는 면에서 웨브와 피어슨은 같은 입장을 보였다. 인구 문제에 대한 웨브의 인식은 신맬서스주의의 등장을 배경으로 한다. 1887년의 브래들로Bradlaugh·베전트

Besant 재판[52]을 계기로 맬서스 동맹Malthusian League이 결성되어 인구 조절로 실업과 빈곤 문제를 해결하려는 운동이 시작되었다. 신맬서스주의 운동이 시작된 이래, 20세기 초반에는 중간 계급을 중심으로 산아 제한이 서서히 확산되고 있었다. 웨브도 당시에 이미 중간 계급뿐만 아니라 "내일에 대비하는 사려 깊고 절약 정신이 있는 노동자 계급"까지도 산아 제한을 적극적으로 실시하고 있다고 보았다.

1907년에 펴낸 페이비언 소논문집《출산율의 감소 *The Decline in the Birth-Rate*》에서 웨브는 우애 조합이나 공제 조합에 가입한 이른바 '양식 있는respectable' 직공과 숙련 기계공의 가정에서는 1881년부터 1901년 동안 출산율이 50퍼센트나 감소했다고 추정했다. 그 원인은 생리적인 출산 능력의 저하가 아니라 "결혼 생활에서의 신중한 선택", 즉 산아 제한에 있었다. 출산율의 감소가 유전적 결함에 의한 육체적 퇴화가 아니라 자발적인 산아 제한 때문이라면 그 치유책은 숙련 노동자와 중간 계급이 자녀를 많이 출산하도록 장려하는 것이었다.[53]

제1차 세계대전 이전에 이루어진 출산율 감소에 관한 논의는 출산율 감소 현상이 사회경제적·군사적·도덕적 관점으로 보아 바람직한가 아닌가의 문제에 한정되어 있었다. 이 시기까지는 출산율 감소에 의한 인구 감소 자체가 바람직하지 않다는 결론에는 도달하지 않은 상태였다. 그런데 1920~1930년대가 되자 출산율 감소가 인구 감소 및 인구의 노령화를 가져올지도 모른다는 걱정이 깊어지게 되었고, 그 대책에 대한 논의도 표면화되었다. 출산율 감소를 둘러싼 전간기 논의의 특징은 우선 실제로 인구가 감소할지도 모른다는 비관적인 예측과 그다음으로는 인구 구조의 고령화에 대한 우려였다고 정리할 수 있다. 19세기의 경제 성장을 지탱해온 젊은 인구, 생산력이 높은 인구가 고령 인구로 구조적 변환을 겪고 있다는 통계는 생산 인구의 납세 부담이 더욱 늘어난다는 것을 의미했다.

이러한 상황에서 우생주의자는 계급 간의 출산율 격차가 인구의 질적 저하를 가져온다는 주장을 포기하지 않고 있었다. 가족 수당에 대한 우생협회의 논의는 한편으로는 중간 계급 이상 계층의 출산을 장려하면서 다른 한편으로는 하층 계급의 출산을 억제하는 두 목적을 동시에 만족시켜야 했다. 우생협회의 가족 수당에 관한 논의는 3절로 잠시 미루고 다음 절에서는 우선 모성 수당이 가족 수당으로 바뀌어가는 과정을 살펴보도록 하자.

2. 모성 수당에서 가족 수당으로

19세기 중반의 페미니스트들이 독신 여성의 권리 획득에 주력한 것과 달리, 20세기 초의 페미니스트들은 가족 내 아내와 어머니로서의 여성의 지위에 관심을 기울였다. 제1차 세계대전 이전의 영국 페미니즘이 주로 참정권 획득을 통한 정치적 평등을 요구했던 반면, 1918년에 30세 이상 여성에게 선거권이 주어진 후에는 정치적 권리 평등이 실질적인 평등을 보장하기 위해서는 기혼 여성의 지위에 주목해야 한다는 흐름이 모성주의 페미니즘으로 나타났던 것이다.

모성주의 페미니즘에 대해서는 기존의 가부장제를 정당화한다는 비판이 가능하겠지만, 국가에 대해 적극적으로 복지 서비스를 요구하는 과정에서 여성들은 힘을 갖게 되었고 이러한 힘은 실질적 평등을 향해 가는 밑거름이 되었다. 이상적인 모성 수당의 구상에서 가족 수당으로 여성의 요구가 구체화되어가는 움직임은 모성주의 페미니즘의 일례이다. 이 절에서는 제1차 세계대전 이전부터 페이비언협회 여성부, 노동당 여성부 등의 여성 단체가 제기한 모성 수당 구상의 내용을 검토하고, 래스본의 가족수당협회 활동을 중심으로 모성 수당의 구상이 가족 수당에 수렴되어가는 과정을 살펴볼 것이다.

(1) 페이비언협회와 노동당

페이비언협회 여성부는 전성기인 1912년에 회원이 230명일 정도로 작은 조직이었으나 페이비언협회가 노동당의 정책 결정에 싱크 탱크의 역할을 하게 되면서 노동당의 여성 운동 방향에 영향을 주게 된다. 그중 한 예가 바로 모성 수당이다. 페이비언협회의 지도자인 시드니 웨브도 모성 수당에 대해 언급한 바 있지만, 모성 수당 도입의 필요성을 본격적으로 주장한 인물로는 메이블 앳킨슨Mabel Atkinson과 헨리 하벤Henry D. Haben을 들 수 있다.

앳킨슨은 노동 계급 여성뿐 아니라 중간 계급의 여성에게도 경제적 자립이 시급한 문제가 되어가고 있는 이유를 다음과 같이 밝힌다. 우선 여초 현상 때문이다. 19세기 중반 이래로 영국에서는 결혼 적령기의 남성에 비해 동일 연령의 여성의 수가 많았다. 식민지로 떠나는 남성의 수가 늘어나면서 결혼 상대자를 찾기 어려운 이른바 '남아도는 여성'이 늘어난 것이다. 둘째, 샐러리맨의 수가 증가했기 때문에 남편이 사망한 후에 가계의 생업을 아내가 계승할 가능성이 낮아졌다. 셋째, 중간 계급 이상의 남성들이 현재의 생활 수준을 유지하거나 더 나은 생활을 하기 위해 결혼을 늦추고 있었다. 이런 이유로 여성은 결혼을 할 수 없게 되거나 하더라도 그 시기가 늦추어지게 되었기 때문에 여성에게 경제적 자립이 절실해졌다는 것이다.

그런데 앳킨슨은 임노동에 종사하는 기혼 여성이 아이를 낳을 경우 육아 기간 중에 취업하는 것에 반대했다. 육아 중의 임노동은 아이와 어머니의 건강에 모두 악영향을 미친다는 것이었다. 하지만 육아 기간은 여성의 전체 인생의 일부일 뿐이므로 이를 이유로 여성을 노동 시장에서 배제해서는 안 된다고 보았다. 앳킨슨은 출산과 육아로 인해 일시적으로 발생하는 임금 노동 이탈기에는 여성의 경제적 자립을 위해 국가가 모성 수당의 형태로 원조를 해야 한다고 주장했다. 모성의 사회적 역할을 존중하면서도 아버지나 남편으로부터의 여성의 경제적 자립을 보장하기 위해서는 국가 재원으로 모성 수당을 지급해야 한다는 주장이다.

페이비언협회의 헨리 하벤도 1910년에 페이비언 소논문집 《모성 수당 The Endowment of Motherhood》을 펴내고 국가 재원 확보에 의한 출산 수당과 모성 수당의 도입을 주장했다.

하벤 역시 20세기 초에 국가 효율을 주장한 논자들과 마찬가지로 독일과의 비교를 근거로 제시한다. 독일에서는 국민 보험 제도에 따라 출산 후 6주 동안 임금의 75퍼센트에 해당하는 금액이 의료비 명목으로 지불되고 있었다. 영국에서는 이런 제도마저도 실행되지 않았으므로 독일은 영국보다는 사정이 나은 편이었다. 하지만 임금의 75퍼센트 수준인 의료비는 임금이 낮은 경우 충분한 금액이 되지 못했고 따라서 가장 도움이 필요한 빈곤층 노동자는 적절한 지원을 받지 못하는 셈이었다. 의료비 지원이 이렇게 낮은 이유는 출산 수당이 국민 보험 제도에서 운영되고 있기 때문이었다. 보험 제도 체계 아래서는 의료비와 출산 수당 이외에 더 이상의 지원은 불가능했다. 따라서 하벤은 영국에서는 독일의 경우를 반면교사로 삼아 출산 수당을 보험 제도가 아니라 국가 예산에서 지급해야 한다고 주장했다.[54]

하벤은 독일의 제도가 여성을 '어머니'가 아니라 오로지 '노동자'로만 취급했다는 점에 개탄한다. 독일처럼 출산으로 인한 휴가 중에 임금 일부를 보전해주는 방법으로 모성 수당을 지급하는 것은 모성에 대한 타당한 평가가 아니라는 것이다. 출산과 육아는 누구도 대신해줄 수 없는 사회적 노동이기 때문에 일하는 기혼 여성 어머니에게만이 아니라 전업주부에게도 당연히 그에 대한 보수를 지급해야 한다고 하벤은 주장했다. 또한 적절한 출산 수당은 산전 2주와 산후 6주의 기간을 합쳐 8주 동안 국고로 부담해야 하며 출산에 드는 의료비도 지원해야 한다고 보았다.[55]

노동당과 노동조합 측에는 1910년대까지는 모성 수당이나 가족 수당에 대한 명확한 계획이 없었다. 노동 단체가 주장하는 최저 임금은 부부의 생활비를 기본임금을 산정하는 기준으로 삼고 있었다. 그런데 독립노동당은 기존의 최저 임금 정책이 부부와 자녀 세 명으로 구성된 5인 표준 가족을 근거로 산정되고 있음에도 불구하고 실제로는 가족의 필요를 만족시키지 못하고 있다고 지적한다. 기존의 최저 임금을 대체할 정책으로 제시된 것이 '생활 임금living wage' 개념이다. 생활 임금은 부부의 생활비뿐 아니라 그 자녀의 생활비까지도 고려해 수당을 지급할 것을 요구했다. 1926년에 열린 독립노동당 연차 대회에서는 생활 임금의 일환으로 육아 수당을 지급하는 정책이 전원 일치로 결의되었다. 당시에는 어느 노동 단체나 정치 정당도 가족의 생활비를 고려하는 수당에 대해 명확한 정책을 밝히지 않고 있었기 때문에 독립노동당의 결의는 선구적인 것이었다.[56]

(2) 가족수당협회

다음으로는 가족수당협회의 활동에 대해 알아보자. 메리 스톡스Mary Stocks, 에바 후백과 함께 가족수당협회를 이끈 엘리노어 래스본은 아내와 어머니로서의 여성의 지위와 역할을 적극적으로 인정함으로써 여성의 사회적·경제적 지위를 높이려고 했다. 남성과 여성의 평등보다 여성의 특수성에 주목한 래스본은 영국 모성주의 페미니즘을 대표하는 인물이다. 래스본은 출산과 육아는 개인적 행위에 머무르는 것이 아니라 사회와 국가에 대한 서비스이기도 하므로 국가는 이에 대해 보수를 지불할 의무가 있다고 전제한다. 모성 수당의 도입을 주장한 래스본의 의도는 국가에 모성에 대한 보상을 요구할 권리를 호소하는 차원에서 그치는 것이 아니었다. 래스본에게 있어서 모성 수당은 전업주부의 경제적 자립을 돕고 여성 임금 노동자에게는 '동일 노동, 동일 임금'을 실현하는 첫걸음으로서 의미가 있었다.

엘리노어 래스본은 리버풀의 '자선조직협회'에서 활약했던 사회 개혁가 윌리엄 래스본William Rathbone의 딸로, 1872년에 런던에서 태어나 옥스퍼드 대학에서 교육을 받았다. 대학 졸업 후 사회 문제에 관심을 갖게 되면서 구빈법Poor Law[57] 체계 아래 과부들의 실태 조사에 참여하기도 한 래스본은 1924년에 저서《유산 없는 가족 *The Disinherited Family*》을 출판하면서 가족 수당 도입 운동의 중심인물로 활동하게 되었다. 1940년에는《가족 수당의 옹호 *The Case for Family Allowances*》를 썼다. 래스본은 가족 수당뿐 아니라 여성 참정권 운동에도 관심을 가지고 활동했다. 1918년에 30세 이상 여성에게 참정권이 주어지자 여성 참정권 운동가 밀리센트 가렛 포셋Millicent Garrett Fawcett이 이끌던 온건파 참정권 운동 단체 '여성참정권협회 전국동맹National Union of Women's Suffrage Societies'은 '평등시민권협회 전국동맹National Union of Societies for Equal Citizenship'으로 개편되었다. 래스본은 1925년부터 이 단체의 회장을 맡았으며, 1922년에 리버풀 선거구에서 국회의원에 출마했다가 낙선한 후 1929년에 대학 선거구에서 당선되어 1946년 사망 전까지 의원직을 수행했다. 정치적인 입장은 보수당과 노동당 어디에도 속하지 않는 무당파를 고수했으며 사회적 서비스의 확충을 주장했지만 사회주의자는 아니었다.[58]

《유산 없는 가족》에서 래스본은 모성 수당의 구상을 한층 발전시켜 모자를 포함하는 가족 수당을 제안한다. 우선 래스본은 가족을 고려하지 않는 기존의 경제학을 비판하는 것에서 논의를 시작한다. 가족은 경제의 기본 단위이며 가족의 재생산과 양육은 국가의 존속에 가장 기본적인 요소임에도 불구하고 지금까지의 남성 중심적인 경제 이론은 경제 단위로서의 가족의 중요성을 무시해왔다는 것이다. 래스본은 당시 노동계가 제시한 '최저 생활 임금'에 대해서 다음과 같이 그 오류를 지적한다. 최저 생활 임금 개념은 부부와 세 명의 자녀로 구성된 이른바 '평균' 가족을 상정하고 있는데 이러한 평균 가족이라는 전제는 현실을 반영하지 못한 것이다. 왜냐하면 실제로는 평균에 들어맞는 가족이 많지 않으며 평균에서 벗어난 인구, 즉 독신자나 자녀가 세 명 이상 있는 가족의 필요에는 응하지 못하기 때문이다. 현재 가정에서 겪고 있는 빈곤 문제는 현행 임금 체계가 다양한 규모로 이루어진 가족의 필요에 대처할 수 없기 때문에 생겨나는 것이므로, 이를 교정하기 위해서는 가족 수당을 도입해야 한다는 것이 래스본의 주장이었다.[59]

사실 래스본에게 가족 수당이란 동일 노동, 동일 임금과 남녀 동일 임금의 실현을 향한 포석의 의미가 컸다. 가족 수당은 남성은 아내와 자녀를 부양해야 하기 때문에 동일한 노동을 하더라도 여성보다 높은 임금을 받는 것이 당연하다는 이른바 '가족 임금family wage' 개념을 논파하는 데 도움이 된다. 가족 수당을 어머니와 자녀에게 지급하면 남성 노동자가 독신 여성 노동자보다 임금을 더 받아야 할 근거는 사라진다. 독신 여성은 한 사람의 생활에 필요한 임금만 받으면 충분하지만, 기혼 남성 노동자의 임금에는 부양해야 하는 가족의 몫까지 고려해 포함시켜야 한다는 것이 가족 임금을 주장하는 논리이다. 그런데 가족 수당으로 아내와 자녀의 몫을 지원한다면 동일 노동, 동일 임금을 방해하는 이런 논리는 더 이상 통하지 않게 되는 것이다. 또한 가족 수당의 지불 방식에 있어서도 남성 노동자의 임금에 포함되는 형태로 고용주가 지불하는 것이 아니라 국가가 남성 노동자의 아내에게 직접 전달하는 방식을 취하면 전업주부의 가사 노동과 육아에 대한 사회적 재평가의 계기를 만들 수 있다고 래스본은 생각했다.[60]

　제1차 세계대전 시기에 지급된 전시 별거 수당은 가족 수당 도입을 위한 캠페인에서 중요한 참고 사례가 되었다. 래스본도 《유산 없는 가족》에서 전시 별거 수당의 경험에 대해 상세하게 언급하며 거기서 힌트를 많이 얻었다고 밝히고 있다. 제1차 세계대전이 발발하자 영국 남성들은 처음에는 지원병으로서 군 복무를 했고, 1916년 징병제가 실시되면서는 국가의 동원에 의해 군 복무를 했다. 전시 별거 수당은 군 복무에 대한 보수에 부가되는 형태로 아내와 자녀에게 지급된 것으로, 1914년 10월부터 지급되기 시작했다. 군대 내의 서열, 가족 수,

복무 연한 등에 따라 금액의 차이는 있었지만, 일반적으로 피부양자 아내에게는 12실링 6펜스, 자녀에게는 1인당 2실링이 매주 국가로부터 지불되었다. 또 전시 별거 수당은 실제로 가족을 이루고 있다는 증거가 있는 경우에 한해서는 정식으로 결혼하지 않은 동거 커플에게도 확대 실시되었다. 1915년 11월부터는 전사자의 아내에게 연금이 지급되었다. 그러나 전시 별거 수당이나 전사자 연금은 적은 금액이었을 뿐 아니라 지급이 오랫동안 연기되는 경우도 종종 있었다.

원래 전시 별거 수당은 지원병이나 의무병의 부양가족이 부양자의 상실로 인해 입는 손해를 수당으로 보충하는 데 목적이 있었고, 징병된 민간인 노동자의 임금은 가족을 부양하는 데 충분하다는 것을 암묵적으로 전제하고 있었다. 따라서 엄밀하게 말하면, 전시 별거 수당은 가족의 필요에 부응해 임금 부족분을 보충함으로써 임금 인상과 유사한 효과를 기대하는 가족 수당과는 다른 것이다. 전시 별거 수당은 가족 수당의 직접적인 선례는 아니지만, 그럼에도 불구하고 지금까지 과소평가되어온 '가족'을 복지 정책의 한 요소로 부각시켰다는 점에서 의의가 있었다.

가족수당협회는 래스본이 전시인 1917년 10월에 소모임을 만들면서 생겨났으며, 가족수당협회라는 명칭을 채택한 것은 1924년이었다. 협회 참여자 중에는 독립노동당 당원인 브레일스퍼드Henry Noel Brailsford, 메리 스톡스 등 사회주의자나 페미니스트가 많았지만 조직의 활동과 목적에는 일관성이 결여되어 애매모호한 면이 없지 않았다. 또 이 협회는 대중 단체가 아니라 회원 수가 1925년에 77명, 1930년에 123명 정도로, 중간 계급 엘리트가 중심이 된 조직이었다. 1920년대에는 경제학자 윌리엄 베버리지William Henry Beveridge, 지방청 공중 보건의 아서 뉴스홈, 여성 최초의 국회의원인 애스터 부인Lady Astor 등 유명 인사들이 줄지어 협회에 가입했지만, 실제 조직의 운영은 래스본과 스톡스, 후백 등 여성들로 구성된 소그룹이 담당했다.[61]

1920년대 말부터 가족 수당에 대한 여론의 관심이 높아지자, 스톡스와 브레일스퍼드는 국가 재원에 의한 균등률 수당을 주장했다. 그러나 사재를 털어 협회 운영 자금을 대고 있던 래스본의 전략은 달랐다. 국가 재원의 균등률 수당은 래스본에게 있어서도 도달해야 할 목표임에는 틀림없었다. 하지만 이상적인 원칙론에 집착하는 것은 여성 중심의 소규모 압력 단체에 불과한 가족수당협회의 선전을 성공시키는 데 좋은 전략이 아니라는 것이 래스본의 생각이었다. 그보다는 단계별로 목표를 나누어 각 단계에서 협력 가능한 모든 세력을 설득하는 것이 효과적이라고 보았다. 현실적으로 얻어낼 수 있는 목표를 설정하고 원칙을 논의하는 단계에서 로비와 선전을 통해 합의를 이끌어내는 것이 래스본의 방식이었다.[62]

각 정당의 입장을 살펴보면, 가족 수당의 방식에 대해 노동당은 세금을 재원으로 하는 데 찬성했지만 자유당은 거출 보험 방식contributory insurance을, 보수당은 사기업에서 실시하는 방식을 각각 주장했다. 래스본은 기본적으로는 노동당의 안을 지지하면서도 다른 정당의 견해도 배제하지 않는 절충적 자세를 보였다. 장기적으로는 국가 재원으로 지급되는 균등률의 가족 수당이라는 장기 목표를 정해두고, 단기적으로는 여러 형태의 가족 수당을 모두 지지함으로써 서서히 장기 목표에 가까워져가는 것이 점진주의자 래스본의 전략이었다.

또한 래스본과 가족수당협회는 지지의 폭을 넓히기 위해, 가족 수당을 둘러싼 두 개의 논점, 즉 모자 복지의 논점과 출산 장려의 논점 중 어느 한쪽도 포기하지 않았다. 그렇게 함으로써 빈곤층 아동을 위해 소득 재분배를 바라는 노동당과 노동 단체로부터도, 출산율 감소를 걱정하는 우생협회로부터도 관심과 지지를 얻을 수 있었다. 이러한 래스본의 전략 덕분에 가족 수당 도입 운동은 우생협회와 손잡을 수 있었다.

3. '대가족에 축복 있으라!'—우생학의 가족 수당론

가족 수당 제도의 도입을 둘러싼 논의에서는 항상 두 개의 논점이 교차하고 있었다. 모자 복지와 출산 장려가 그것이다. 우생협회는 두 논점을 어떻게 연결했을까? 모자 복지는 사실 1907년에 우생교육협회가 설립되었을 당시부터 주된 관심사 중의 하나였다. 우생교육협회가 발행하는 잡지《우생학 평론》에도 모자 복지에 관한 기사는 빈번하게 실렸다. 우생교육협회가 설립되던 무렵은 날로 치열해져가는 제국주의 경쟁을 배경으로 높은 유아 사망률이 사회 문제로 인식되던 시기였다. 어린이는 국가와 제국의 미래를 담당할 '내일의 시민'이기 때문에 높은 유아 사망률은 국가의 미래를 위태롭게 한다는 이유로 여론의 주목을 받았다. 더구나 출산율이 감소하는 경향을 보이자 유아 사망률은 더욱더 문제가 되었다. 우생학은 '양육'보다 '본성'을 중시하지만 그렇다고 해서 본성만을 강조한것은 아니었다. 우생주의자들 사이에서도 양육과 본성을 조화시키려는 흐름이 존재했다. 이는 '내셔널 베이비 위크National Baby Week' 참가를 둘러싸고 벌어진 내부 토론에서 엿볼 수있다. 내셔널 베이비 위크란 높은 유아 사망률에 대한 여론의관심을 환기하기 위해 민간단체 '유아사망방지 전국연합National Association for the Prevention of Infant Mortality'이 주도한 행사였다. 우생교육협회는 '제국여성건강연합Women's Imperial Health Association', '전국일일탁아소협회National Society of Day Nurseries', '유아복지센터협회Association of Infant Welfare Centres', '육아 연구소National Institute of Mothercraft' 등과 함께 이 행사에 참가한 자발적 민간단체 중의 하나였다.[63]

1917년부터 시작된 내셔널 베이비 위크 행사의 목적은 모자복지의 증진을 위해서는 보다 조직적인 노력이 필요하다는 사실을 지방 자치체나 정부에 각성시키는 것이었다. 유아의 생명을 빼앗는 적으로는 직접적인 사망 원인이 되는 질병 이외에도 빈곤이나 부모의 음주, 잘못된 육아법, 열악한 주거 환경, 나쁜 위생 상태 등이 있다. 주거나 환경 같은 간접적인 환경 요인이 저항력이 약한 아이들을 죽음으로 내모는 것이다. 따라서 방문 건강 교육health visiting, 일일 탁아소, 모친 학교, 모자 복지 센터 등을 확대 실시해 어린 아이들의 생명을 구해야 한다는 것이다. 베이비 쇼, 유모차 퍼레이드, 전시회, 가든파티, 상영회 등을 조직해 유아 복지 사업 확충을 위한 기금을 모금하는 것이 행사의 주된 내용이었다.[64]

1917년 7월 이 행사의 첫날에 런던 대주교는 "1915년에 싸움터에서 한 시간에 아홉 명의 병사가 죽었지만, 지금은 한 시간에 열두 명의 아이가 죽어가고 있다. 병사들보다 아이들이 더 위험한 상태에 처해 있다. 더구나 전쟁에 의한 인명 손실은 모든 아이들의 생명을 보다 가치 있는 것으로 만들었다"[65]라고 말한 바 있다. 자연 선택의 발견자 찰스 다윈의 넷째 아들이자 우생교육협회 회장이었던 레너드 다윈Leonard Darwin은 우생학적 효과를 의심하여 이 행사에 참가하기를 꺼렸다. 그러나 우생교육협회의 서기 시빌 네빌 롤프는 가능한 한 많은 단체와 협력하는 편이 우생학의 선전에 유리하다는 이유로, 내키지 않아 하는 다윈을 설득했다.[66]

우생교육협회의 창립 멤버로서 1907년부터 1920년까지 서기로 일한 네빌 롤프는 1907년 협회 창립 당시 1년 전에 남편을 잃은 21세의 젊은 미망인이었다. 골턴의 저서를 읽고 우생학에 관심을 가지게 된 그녀는 영국 사회학회의 서기 슬로터 J. W. Slaughter와 골턴의 친구 몬터규 크래캔소프Montague Crackanthorpe의 소개로 골턴을 만나게 되었다. 첫 만남에서 그녀는 우생학에 대한 뜨거운 열정을 피력해 골턴을 감동시켰다고 한다. 골턴은 1907년에 칼 피어슨에게 보낸 편지에서 그녀에 대해 다음과 같이 평가했다.

우생교육협회는 생각보다 잘 되어가는 것 같습니다…아마 열성적이고 똑똑한 여성 서기 덕분인 듯합니다. 아직 참가할 생각은 들지 않으나, 내 가치관을 확산시키는 데 적당한 단체라는 점이 확인되면 나도 참가해야겠지요.[67]

네빌 롤프의 뒤를 이어 서기가 된 체임버스 부인Lady Chambers 역시 그녀에 대해 "탁월한 조직력을 타고난 여성으로, 회원을 모으고 조직을 유지하는 데 그녀가 보여준 열정과 노력이 없었다면 우생교육협회는 모양을 갖출 수 없었을 것"[68]이라고 찬사를 보냈다. 네빌 롤프는 협회의 서기를 그만둔 뒤에는 성병 방지를 위한 사회 정화 활동 단체에서 일했다.

내셔널 베이비 위크 행사 참가에 대한 토론은 활동 초기에 우생교육협회가 양육의 요소에 대해 어떻게 생각했는지를 드러내준다. 유아 사망률을 낮추려는 노력이 우생학적으로 의미 있다고 여기는 사람들은 이 행사의 우생학적인 효과와 관련해, 유전적 자질이나 계급을 선별하지 않고 모든 아이와 모든 어머니에게 모자 복지를 확충하면 궁극적으로 우생학적으로 유리한 결과를 낳는다고 주장했다. 모자 복지 서비스에 의해 육아의 조건이 정비되면 자연 상태일 경우 생존 경쟁으로 인해 도태되었을 열등한 개체가 살아남는다고 우려할지 모르지만 실제로는 그렇지 않다는 것이다. 왜냐하면 빈곤층이더라도 분별력과 우수한 지성을 지닌 어머니라면 주어진 다양한 복지 서비스를 최대한 이용하려 할 것이고 그렇게 해서 살아남은 자녀는 우수한 개체일 가능성이 크기 때문이다.[69] 육아를 돕는 모자 복지 서비스에 접근할 수 있는 기회를 균등하게 부여함으로써 하층 계급에서도 건강하고 우수한 일부를 건져 올릴 수 있다는 주장인 것이다. '긍정적 우생학'을 적용하는 저변을 확대하려는 이러한 흐름은 전간기에 가족 수당 도입을 요구하는 개량적 우생학의 노선으로 계승되었다. 높은 유아 사망률을 '자연스러운 잡초 뽑기'라고 보고 또 진화 메커니즘의 작동 결과이자 '약자의 도태'의 증거라고 보는 강경론은 우생교육협회 내부에서도 점차 힘을 잃어가고 있었다.

그러나 우생교육협회에서 양육을 중시하는 노선이 뚜렷하게 존재했던 것은 틀림없지만 그렇다고 해서 '적격자'만을 선별적으로 지원해야 한다는 강경한 유전 결정론의 입장이 모습을 감춘 것은 아니었다. 출산율의 감소로 인구 위기를 우려하는 분위기 속에서 여전히 계급별 출산율의 차이에 의미를 두는 입장 역시 강하게 남아 있었다. 이러한 강경한 유전론은 가족 수당의 도입을 둘러싼 논의에서도 드러났다.

앞에서도 말했듯이, 우생학에서는 항상 '부정적 우생학'과 '긍정적 우생학'의 논리가 교차한다. 제3장에서 살펴볼 산아제한의 경우는 부정적 우생학의 실천에 속하는 영역이다. 산아 제한은 '바람직한 계층'의 출산율을 낮추는 효과가 우려되었지만 점차 '바람직하지 않은 계층'의 출산율을 낮추는 효과가 인정되었다. 반면에 가족 수당은 바람직한 계층의 출산율을 높일 수 있는 긍정적 우생학의 실천 방법으로 인식되었다. 긍정적 우생학과 부정적 우생학 논의의 교차 양상은 가족 수당을 둘러싼 우생교육협회의 태도에서도 볼 수 있다. 즉 가족 수당은 바람직한 계층의 출산과 양육을 장려하는 효과를 가져온다고 평가받는 한편 바람직하지 않은 계층의 생식을 장려하는 효과가 있을 수 있다는 우려를 낳기도 했다. 우생주의자는 인구에 대한 맬서스주의적 염려를 부정적 우생학의 문제로 치환하고 반맬서스주의적 견해를 긍정적 우생학의 문제로 치환한다. 단순히 인구의 과잉이 문제가 아니라 사회의 어느 부분에서 인구가 과잉인가를 문제 삼는 것이다.

이와 관련해서 우생학이 모성을 발휘해야 할 존재로 여긴 여성은 '우수한 소질을 갖춘 인종'의 중간 계급 이상의 여성이었다. 교육의 기회와 사회 진출의 기회가 확대되면서 점점 어머니가 되기를 꺼리는 경향을 보이는 '신여성New Woman'들에게 출산과 양육을 장려하는 것이 긍정적 우생학의 목표였다. 우생교육협회는 중간 계급의 출산 장려책과 육아 지원책으로서 '모성 기금Maternity Fund'을 운영한 경험이 있었다. 제1차 세계대전이 발발하자 협회는 전쟁으로 피해를 입은 전문직 종사자의 아내들을 위한 시설(Maternity Home)을 마련했고, 이 시설에서 서른세 명의 아이가 태어나 보호를 받았다고 보고되었다.[70] 모성 기금의 경험은 1920년대에 가족 수당에 대한 관심으로 이어졌다.

긍정적 우생학의 한 방법으로서 가족 수당의 필요성을 선전하기 위해 우생협회가 작성한 팸플릿 〈우생학과 가족 수당Eugenics and Family Allowances〉은 가족 수당의 도입이 육아 노동에 대한 평가를 포함하는 시도라는 점을 내세우며 "여성의 육아 노동은 남성의 군 복무와 동격인 것으로, 국가의 존속을 위해서 반드시 평가되어야 한다"[71]라고 말한다. 그러나 동시에 국가 재원에 의한 균등률의 가족 수당에 대해서는 우생학적으로 부정적인 결과를 우려한다. 그 대신에 우수한 자질을 갖추고 부모로서의 의무를 성실하게 완수할 수 있다고 판단되는 계층만이 수당의 수혜자가 되어야 한다고 본다. 그렇게 되면 현재 경제적인 압박 때문에 산아 제한을 실천하고 있는 바람직한 계층의 출산율 상승을 기대할 수 있다는 것이다. '우수하고 성실하고 신중한' 전문직 종사자나 '양식 있는' 노동자 계급 등 근면한 급여 소득자에게 혜택이 돌아가도록 가족 수당을 운영하는 것을 레너드 다윈은 가족 수당의 "우생학적 안전장치"라고 불렀다.[72]

우생학적으로 '안전한' 가족 수당이란 국가 재원으로 일률적으로 운영되는 것이 아니라 부모의 소득에 따라 차등을 둔 급부 방식이나 소득세 공제를 활용하는 것이다. 가령 런던 정경 대학에서 운영하는 '교육 수당Educational Allowances'과 같은 것을 확대 실시하는 것이다. 윌리엄 베버리지가 학장으로 있던 런던 정경 대학은 1924년부터 교육 수당 제도를 실시했다. 이 제도는 대학 교원에 한해 기본 급료 이외에 자녀의 교육비 명목으로 13세 이하의 자녀인 경우에는 연간 약 30파운드, 13세부터 22세까지의 자녀인 경우에는 연간 약 60파운드를 지급하는 것이었다.[73]

가족수당협회가 활발히 활동하자 우생협회는 1932년부터 가족수당소위원회를 설치해 운영했다. 위원회에는 통계학자이자 유전학자인 피셔Ronald Aylmer Fisher와 에바 후백이 포함되어 있었다. 후백은 래스본이 회장으로 있던 평등시민권협회 전국동맹의 의회 담당 서기를 맡고 있던 여성으로 우생협회와 래스본을 이어준 인물이다. 우생협회의 회원으로도 이름이 올라 있던 래스본은 1924년 11월 24일에 우생협회에서 "인구 문제와 가족 수당Family Endowment in its Bearing on the Question of Population"이라는 제목으로 강연을 했다. 이 강연에서 래스본은 자녀의 양육비를 남성의 호주머니에서 지출하게 하는 현행 제도는 자녀 양육의 국가적 가치를 충분히 인정하지 않는 것이며 따라서 이는 여성의 결혼과 출산에 대한 기피로 이어지고, 남녀 동일 노동, 동일 임금의 실현을 막는다고 비판했다.

가족 수당이 '바람직하지 않은 계층'의 증가를 가져올지 모른다는 우생주의자의 염려에 대해 래스본은 가족 수당은 오히려 최하층의 출산율을 낮추는 효과를 가져온다는 점을 강조했다. 가족 수당과 출산율의 관계에 대해 래스본은 다음과 같이 말한다. 가족의 수를 제한하려는 동기에는 경제적 요인만이 아니라 어머니의 건강, 여가의 필요, 양육비·교육비의 증가 등이 관련된다. 가족 수당은 자녀 출산에 대한 보수라는 의미가 있지만, 그렇다고 해도 부모의 수입원에 해당할 만큼의 많은 금액이 아닌 이상 가족 수당을 지급한다고 해서 하층 계급의 출산율이 상승하지는 않는다. 출산율을 상승시키는 요인은 음주, 빈곤, 비정기적 노동, 열악한 주거 환경이다. 슬럼 거주자들은 비좁고 비위생적인 주거 환경 때문에 미래에 대한 희망을 상실하고 성적인 쾌락에 매달리게 되며 이로 인해 출산율은 증가한다. 그러나 가족 수당이 지급되어 자녀의 양육비를 충당할 수 있게 되면 생활 수준이 약간 개선될 수 있고 그러면 음주나 도박, 흡연에 찌든 잘못된 생활에서 벗어날 수 있으며, 하층 계급의 생활은 보다 건전한 것이 될 수 있다는 것이다. 래스본의 강연은 우생협회에게 가족 수당을 설득하기 위한 전략으로 볼 수도 있지만, 하층 계급을 빈곤과 도덕적 타락과 동일시하는 시선에서 자유롭지 못했다는 점에서는 래스본 역시 우생주의자와 마찬가지였다. 래스본도 인종의 퇴화를 방지하는 방법으로서 우생학적 실천에 기대를 걸고 있었으며 출산율의 계급별 차이를 우려했다. 하층 계급을 내버려두면 무절제와 방종에 빠지는 사람들로 보는 래스본의 태도는 온정주의적인 것이었다.[74]

래스본은 생활 수준이 높아지면 필연적으로 출산율이 낮아진다고 확신했다. 생활 수준이 나아지면 자녀 1인당 지출하는 양육 비용이 증가하게 되고, 자녀에게 보다 좋은 교육과 환경을 제공하기 위해서는 소수의 자녀에게 비용을 집중적으로 투자하지 않을 수 없기 때문에 자녀의 수를 제한하려고 할 것이다. 래스본은 생활 수준의 향상이 반드시 출산율의 증가를 수반하지는 않는다는 주장의 근거를 가족 수당이 먼저 도입된 프랑스를 예로 들어 설명한다. 프랑스의 가족 수당 역시 출산 장려를 위해 둘째 자녀부터 지급되는데 수당을 도입한 프랑스의 열 개 대도시에서 지난 5년간 출산율은 감소 추세를 보였다. 지식 노동자나 숙련 노동자 계층의 경우, 과거의 대가족으로 돌아갈 수는 없겠지만 양육비를 보조받을 수 있다면 가족 수를 늘릴 의사가 있음을 여성들과의 대화를 통해 알 수 있었다고 래스본은 말한다. 이른바 '바람직한 계층'에서는 약간의 출산율 상승을 기대할 수 있으리라고 예측한 것이다.[75]

강경파인 레너드 다윈도 래스본의 강연에 호의적인 반응을 보였으나 중간 계급의 호주머니에서 나온 돈이 하층 계급의 출산율을 올리는 데 쓰어서는 안 되며 "모든 인간은 평등하게 태어나지 않는다는 유전의 법칙을 명심해야 한다"[76]고 말했다. 《우생학 평론》에 래스본의 저서 《유산 없는 가족》 서평을 쓴 피셔도 토론에서 래스본을 비판했다. 가족 수당이 하층 계급의 출산율을 감소시킬 것이라는 예상은 맞지 않을 수 있는데 그 이유는 상층 계급은 경제적인 동기에 민감하게 반응하지만 하층 계급은 둔감하게 반응하기 때문이라는 것이었다. 다윈과 피셔의 이러한 견해는 하층 계급 하면 성적 방종, 조혼, 다산을 연상하는 편견과 차별을 드러낸 것이다. 그러나 이러한 노골적인 차별은 우생협회 내에서도 점차 설득력을 잃어갔다.

1930년대 중반이 되자 가족 수당을 둘러싼 우생협회의 논점이 바뀌기 시작했다. 1930년대가 되자 출산율의 감소가 인구 감소를 가져온다는 비관적인 전망이 보다 현실적으로 다가왔다. 경제학자인 이니드 찰스Enid Charles는 1934년에 출판한 저서 《부모의 황혼The Twilight of Parenthood》에서 현재의 출산율로는 사망률에 의한 인구 감소분을 보충할 수가 없기 때문에 곧 인구가 서서히 감소할 것이라고 예상했다. 영국의 인구 수는 1939년부터 정체되기 시작해 1960년이 되면

4,050만 명에서 3,900만 명으로 감소하리라는 것이었다. 인구 통계 전문가인 데이비드 글래스David Glass도 이대로 출산율이 증가하지 않는 상태가 지속되면 향후 20년간 영국의 인구는 15퍼센트 정도 줄어들 것이라고 주장했다. 물론 이러한 예측은 제2차 세계대전 이후 외부로부터의 이민, 특히 구식민지로부터의 인구 유입으로 현실로 나타나지 않았다. 하지만 당시로서는 인구의 감소와 고령화를 보여주는 우울한 진단임에 틀림없었다.

영국에서 출산 장려책pronatalism을 지지한 인물로는 이니드 찰스나 데이비드 글래스 등을 들 수 있다. 그들의 논의는 가족 수당의 도입을 정당화하는 데 한몫을 했다. 우생협회가 글래스에게 인구 연구를 위탁한 결과 1936년에 출판된 보고서가《인구를 위한 투쟁The Struggle for Population》이다. 그는 인구의 연령 구조의 변화에 주목해, 피라미드 형태의 인구 구조가 모래시계 형태로 전환하게 되면, 생산 인구가 고령화하는 비생산 인구를 지탱하는 구조가 될 것이라고 경고했다. 이러한 인구 동향을 멈추기 위해서는 건전한 노동자 계급과 중간 계급의 대가족을 장려하는 가족 수당을 지급해야 한다. 여성의 교육 기회가 늘어나고 사회 진출이 점차 활발해지는 등 여성의 사회적 역할이 변화하고 있기 때문에 국가에 의한 탁아소나 육아 지원 시스템 없이는 대가족을 바랄 수 없다는 것이었다.

인구가 감소하리라는 예측 속에서, 계급별 출산율 편차에 집착하는 논의는 점차 설득력을 잃고 있었다. 1930년대 중반

이 되자 우생협회의 가족 수당 찬반론은 일반적인 출산 장려책에 통합되기 시작했다. 인구가 실제로 감소할 것이라는 전망 속에서 인구의 질보다는 인구의 양적인 증가의 필요성이 강조되었기 때문이다. 따라서 우생협회도 균등률 가족 수당이 하층 계급의 생식을 증가시킨다는 우려에 더 이상 집착할 수 없게 된다.

1930년대 중반에 우생협회는 인구 정책을 논하는 공론의 장이 되었다. 1936년에 사회학자 알렉산더 카선더스Alexander Morris Carr-Saunders가 위원장으로 있던 '인구조사위원회 Population Investigation Committee'가 우생협회 건물에 사무실을 내고 협회로부터 자금을 지원받았다. 우생협회와 인구조사위원회의 공동 노력에서 나온 성과 중 하나가 1938년의 '인구통계법Population Statistics Act' 제정이었다. 이 법률은 출생 신고를 의무화하는 것과 더불어 임산부의 연령, 출산 간격 등을 기록하도록 했다. 인구통계법 이전에는 인구센서스[77] 이외에는 신빙성 있는 통계가 달리 없었다는 점에서 이 법률은 의미가 크다.[78]

우생협회가 더 이상 계급별 출산율의 차이에 집착하지 않고 인구의 양적 측면을 중시하는 논의로 흡수될 수 있었던 것은 1930년대에 리처드 티트머스Richard Titmus, 프랑수아 라피티Francois Lafittee, 글래스 같은 개혁 지향적인 인물들이 협회에 새로 들어왔기 때문이다. 그들이 우생협회에 가입한 것은 우생협회가 인구 문제에 대한 공론을 만들기에 적합한 곳으로 여겨졌기 때문이다. 이들은 줄리언 헉슬리와 개량 우생학의 가치관을 공유했다. 즉 현재의 사회적 지위는 개인의 우생학적 가치를 결정하는 기준으로서 적절하지 않다고 보았다. 우생학적 부적격자가 반드시 하층 계급에만 있는 것이 아니기 때문이다. 헉슬리는 개인의 능력 차이가 유전적인 것인지 환경에 의한 것인지를 올바르게 판단하기 위해서는 가능한 한 환경 요인을 균등하게 정비해야 한다고 말한다.[70] 즉 기회의 균등이 보증되지 않으면 개체 간의 진정한 유전적 차이는 알 수가 없으며, '본성'과 '양육'의 상대적 공헌도를 올바르게 측정하기 위해서는 사회적 조건을 평등하게 해야 한다는 것이다. 이러한 개량 우생학의 논리에 따르면 가족 수당은 하층 계급의 자녀에게도 균등한 기회를 주려는 시도로서 환영할 만한 것이었다.

1930년대 말이 되면 가족 수당은 빈곤 대책과 저임금 유지라는 두 과제를 동시에 해결할 수 있는 정책으로 부상하기 시작한다. 가족 수당의 급진적인 면은 앞에서 설명한 대로 지불되지 않은 여성의 가사 노동에 대가를 지급함으로써 노동 시장에서 여성 노동자의 동일 임금을 얻어낼 수 있다는 데 있다. 그러나 남녀평등의 원칙은 1930년대 말이 되면 이미 지지자들의 주요 동기에서 사실상 사라지게 된다. 정부는 여전히 1834년에 개정된 신구빈법의 정신인 '열등 처우less eligibility'의 원칙에 미련을 두고 있었다. 신구빈법의 혜택을 받는 빈민이 일반 노동자보다 더 나은 생활을 해서는 안 된다는 이 원칙은 복지 서비스가 개인의 자조와 자립을 방해하면 안 된다는 19세기의 시대정신을 반영하고 있었다. 그런데 가족 수당과 같은 소액의 현금 지원은 자칫하면 자녀의 출산이 빈민의 돈벌이 수단이 될 수도 있다는 우려를 없애고 빈민의 노동 의욕도 저하시키지 않는 만족할 만한 제도로 보였던 것이다. 따라서 가족 수당을 통해 경제 재활성화와 정치적·사회적 안정 유지라는 두 가지 목표를 달성할 수 있을 것이라는 전망이 가족 수당의 실현에 한 발짝 다가서게 했던 것이다.

사실 출산 장려책으로서 가족 수당의 효과는 미미한 것이었다. 경제적 보조가 출산율의 장기적 경향에 어떻게 작용할지에 대해서는 쉽게 말하기 어렵다. 하지만 소액의 가족 수당으로 당장 출산율이 상승 곡선을 그리리라고 예측하기는 힘들었다. 래스본 역시 가족 수당의 이러한 문제점을 잘 알고 있었기 때문에 출산 장려의 측면에만 집착한 것은 아니었으며 모자 복지의 영역도 함께 염두에 두고 있었다. 다만 래스본이 우생 협회 강연에서 가족 수당의 출산 장려 측면을 강조한 것은 가족 수당이 중간 계급의 출산 장려책이 될 수 있다는 점을 부각하고자 한 전략이었다. 우생협회의 존재는 가족 수당을 둘러싼 논의가 출산 장려를 통한 인구 문제 해결책이라는 측면을 부각함으로써 인구 정책 입안자들로 하여금 가족 수당을 호의적으로 보게 했다. 우생학은 흔히 유전 결정론으로 '오해'된다. 하지만 사회 운동의 이데올로기가 된 우생학은 양육의 측면 역시 무시하지 않았다. 우생학은 이런 방식으로 오늘날 복지 서비스의 근간이 되는 모성 보호와 모자 복지, 출산 장려 정책을 지탱하는 담론 속에 얽혀 들어갔다.

'부적격자'의 출산을 억제하는 '부정적 우생학'의 실천은 산아 제한과 맞닿아 있었다. 지금까지 산아 제한 운동의 역사는 자주적 모성의 권리와 여성의 성적 자기 결정권 획득을 위해 위선과 무지에 맞서 싸운 선구자들의 영웅담으로 찬양되어왔다. 반면 우생학의 역사는 실패한 '사이비 과학'의 대표적인 예로서 취급되어왔다. 그러나 최근의 연구들이 지적하고 있듯이 영국에서 19세기 말부터 일어난 산아 제한 운동에는 페미니즘과 신맬서스주의가 혼재하고 있었으며, 우생학 역시 한 축을 이루고 있었다.[81]

집단 레벨의 유전적 자질 향상이라는 장기적인 목표를 설정하고 생식에 '적합한 인간'과 '적합하지 못한 인간'을 구분하는 우생학은 극단적인 보수주의의 논리로 사회 개혁과 무관해 보인다. 그러나 우생학의 실상은 그리 단순하지 않았다. 앞 장에서 살펴본 '긍정적 우생학'에서처럼 우생학은 직접적인 차별과는 무관해 보이는 영역, 예를 들면 가족 수당의 급부와 같은 복지 정책과 이혼법 개정[82] 등에도 그림자를 드리우고 있었다.

부정적 우생학의 대표적인 예로서 '단종법(斷種法)sterilisation'이라 불리는 불임 수술의 법제화의 경우는 어떠한가? 단종법은 우생학의 억압적인 성격이 노골적으로 표출된 사례이다. 그러나 이 장에서 살펴보려는 바와 같이 단종법 제정을 둘러싼 논의에서도 우생학은 산아 제한 운동과 떼려야 뗄 수 없

게 얽혀 있었다. 즉 우생학의 역사를 인신에 해를 가하는 '악'
으로, 여성의 몸에 대한 자기 결정권을 획득하려는 산아 제한
운동을 '선'으로 그리는 이분법적 역사 서술은 가능하지 않다
는 말이다.

민간 산아 제한 운동 단체의 활동이 활발하게 전개되었던
1920~1930년대에 우생학적 관심은 산아 제한 운동의 전개와
분리될 수 없는 것이었다. 모성 보호와 모성의 자기 결정권 실
현을 위한 수단으로서 산아 제한을 주장하는 페미니스트와 인
구의 양과 질을 조절하는 데 산아 제한을 이용하려는 우생주
의자는 서로 불편함을 느끼면서 '공존'하는 관계에 있었다. 이
장에서는 부적격자의 생식을 제한하는 부정적 우생학 중에서
도 가장 극단적 정책인 단종법의 제정을 둘러싸고 우생주의자
와 페미니스트 그리고 여성들의 관심과 이해관계가 어떻게 만
나고 엇갈렸는지 살펴보고자 한다.

우생협회는 1930년대부터 우생 단종법 제정을 목표로 하
는 운동을 벌였으나 법제화에 이르지 못했다. 단종법 제정에
는 실패했지만 운동 과정에서 주목할 만한 점은 여성 단체들
이 '자발적 단종'의 법제화에 지지를 표명했다는 사실이다. 당
시 영국 노동당의 공식적인 입장은 '반(反)우생학'이었지만
여성 노동자들은 단종에 찬성했던 것이다. 1936년에 스완지
에서 열린 '노동당 여성부 전국회의'는 600대 11로 단종법안
찬성을 결의했다.[83] 또 '여성협동조합 길드Women's Cooper-
ative Guild' 같은 노동자 계급 여성 조직이나 '평등시민권협
회 전국동맹' 같은 중간 계급 여성 조직도 찬성 결의를 냈으

며,[84] 1930년에 포츠머스에서 열린 '전국여성협의회National Council of Women' 연례 대회에서도 찬성 결의가 통과되었다.[85]

단종법 제정을 목표로 하는 우생협회의 선전이 여성들로부터 공감과 지지를 얻었다는 사실을 어떻게 해석해야 할까? 단종법에 대해 남성과 여성의 태도에 차이가 있었던 이유는 무엇인가? 여성들의 단종법 지지는 "노동 계급 여성의 섹슈얼리티의 어두운 일면을 드러내는"[86] 예외적인 에피소드에 불과한 것인가? 우생협회의 선전 전략은 산아 제한에 대한 여성의 관심을 어떠한 형태로 수렴했는가? 이러한 의문들에 답하기 위해 이번 장에서는 기존의 연구에서 간과되었던 우생협회의 다양한 선전 활동과 여성 활동가들의 활약에 주목하고자 한다.

1. '무지한 여성들에게도 피임을'——우생학과 산아 제한

1877년 브래들로·베전트 재판을 계기로 맬서스 동맹이 결성되어 과잉 인구 조절을 위한 인공적인 피임 수단이 보급되기 시작한 이래, 영국의 출산율은 중간 계급을 중심으로 서서히 감소하고 있었다. 1903년 통계국의 보고서에 따르면 기혼 여성의 출산율은 1870년대 이래 매년 감소하고 있는 것으로 나타났다. 1870년 기혼 여성 1,000명 중 304명이던 출산율은 1900년에는 288명으로, 1903년에는 234명으로 감소했다.[87] 중간 계급의 출산율이 먼저 감소하기 시작했다는 사실은 인구 문제에 있어서 차별적인 담론을 낳는 계기로 작용했다. '양식 있는 계층'은 피임으로 가족 수를 제한하는 반면 빈곤층은 무제한으로 다수의 자녀를 출산해 과잉 인구와 빈곤의 악순환을 초래한다는 담론이 등장한 것이다. 맬서스의 과잉 인구론이 유행하던 19세기 초였다면 출산율 저하 현상은 환영할 만한 일이었을 것이다. 그러나 제국주의 국가 간의 경쟁이 날로 격화되고 영제국 쇠퇴의 징후가 표면화된 20세기 초의 상황은 달랐다. 출산율의 하락은 "앞날을 대비하는 조심성과 절약 정신이 있는 집단"[88]이라 불렸던 중간 계급 이상에서 두드러지게 나타난다고 여겨졌고, 이는 식민지를 경영할 인구가 감소하는 불길한 징조로서 "인종의 자살"[89]을 초래할지도 모른다는 위기감을 낳았다.

1907년 설립 당시 우생교육협회가 산아 제한에 대해 부정적 견해를 보였던 것도 '우수한 영국 인종'을 생산해야 할 중간 계급 여성들이 피임을 해 출산을 기피하면 열생학적 결과를 초래한다고 보았기 때문이다. 레너드 다윈 같은 보수적 우생주의자들은 바로 이러한 출산율의 계급 간 차이를 강조하고 중간 계급의 산아 제한과 하층 계급의 다산(多産)을 동시에 비난했다. 또한 '피임'과 같은 단어를 입에 담는 것은 천박하고 외설스러운 일이라는 생각이 일반적이었던 당시의 여론도 산아 제한에 대한 언급을 꺼리게 한 요인이었다.

그러나 제1차 세계대전 이후 성(性)에 대한 가치관이 일대 전환을 겪으면서 피임에 대한 거부감이 완화되어가자 우생교육협회의 태도도 변화한다. 우생주의자들도 산아 제한이 '바람직하지 않은 계층'의 출산율을 감소시키는 부정적 우생학의 효과가 있음을 인정하고 이를 공공연하게 주장하기 시작한 것이다. 1917년 우생교육협회의 기관지《우생학 평론》에 성과학자 해블록 엘리스Havelock Ellis의 산아 제한 옹호론이 게재되면서 우생교육협회는 조심스레 찬성 노선으로 선회했다. 온건하면서도 열렬한 우생주의자로서, 해방된 여성의 '자유연애'를 통해 '인종'이 개량될 수 있다고 본 엘리스는 결혼 제한 같은 비현실적이며 고통이 따르는 요구를 강요할 것이 아니라 피임 지식을 보급하는 것이야말로 부적격자의 생식을 억제하는 효과적인 방법이라고 주장했다.[90]

보건부와 영국의사협회British Medical Association의 공식적인 견해가 산아 제한을 인정하지 않던 상황에서 산아 제한에 찬성하는 소수파 의사들 대부분이 신맬서스주의와 우생학의 신봉자라는 사실도 우생협회의 방향 전환에 영향을 주었다. 보건부와 의사협회의 반대에도 불구하고 국왕 조지 5세의 시의(侍醫) 도슨 경Lord Dawson of Penn, 공중 보건의 제임스 바Sir James Bar, 호더 경Lord Horder, 내과 의사 롤스턴Humphry Rolleston, 정신과 의사 블래커Carlos Paton Blacker 등의 소수파 의사들은 공식 석상에서 산아 제한을 지지했다.[91] 도슨은 우생협회 회원이었으며 롤스턴은 1933년부터 1935년까지, 호더는 1935년부터 1948년까지 우생협회 회장을 역임했다.[92]

블래커는 1931년부터 1952년까지 우생협회의 서기를 지낸 인물로 1926년 저서《산아 제한과 국가Birth Control and the State》에서 신맬서스주의에 입각해 산아 제한의 필요성을 논했다. 산아 제한은 개인과 사회의 복지, 전쟁 방지 및 국제 평화를 위해 도입되어야 하며, 현재는 자발적 진료소에서만 입수할 수 있는 피임 지식을 보건부가 운영하는 시설을 통해 보급해야 한다는 주장이었다. 블래커는 또한 피임 지식의 체계적인 보급을 위해 국가 차원에서 제도를 마련해야 하며 의료 전문가가 이러한 과정을 주도해야 한다고 주장했다.[93] 블래커의 설득으로 우생협회는 1927년 2월에 설립된 민간단체 '산아 제한 조사위원회Birth Control Investigation Committee'를 원조하기 시작했고 이를 계기로 산아 제한 운동과 우생학의 제휴는 본격적으로 진행되었다.[94]

한편 19세기 말 이래 중간 계급을 중심으로 점차 확산되어 가던 피임 지식을 하층 계급 여성들에게 보급하려는 움직임은 1920년대에 다양한 '자발적 진료소voluntary clinic'가 설립되면서 나타나기 시작했다. 산아 제한 운동가 마리 스톱스Marie Carmichael Stopes가 1921년 3월 영국 최초의 자발적 산아 제한 진료소인 '모성 진료소Mother's Clinic'를 개설하자, 같은 해 11월 맬서스 동맹의 엘리스 드리스데일 비커리Alice Drysdale Vickery도 '월워스 여성복지센터Walworth Women's Welfare Centre'를 열어 노동자 계급 여성을 대상으로 피임 지도를 했다. 사회주의 계열의 산아 제한 운동 조직으로는 사회주의 페미니스트 스텔라 브라운Stella Browne과 도라 러셀Dora Russell의 주도로 1924년에 결성된 '노동자 산아 제한 그룹Worker's Birth Control Group'이 있었다. 여러 산아 제한 운동 단체들은 전국을 순회하며 선전 활동을 벌였고 이들의 활동 덕분에 1929년 무렵에는 잉글랜드에서 입수할 수 있는 피임에 관한 책자나 팸플릿, 설명서가 총 150만 부를 넘을 정도로 산아 제한에 관한 지식은 확산되어갔다.[95]

마리 스톱스는 미국의 사회 운동가 마거릿 생어Margaret Sanger와 더불어 1920∼1930년대에 영국의 산아 제한 운동을 주도한 인물이다. 25세에 런던 대학에서 고식물학(古植物學)으로 최연소 이학 박사 학위를 취득한 스톱스는 성에 무지했던 탓에 불행한 결혼 생활을 겪으며 성 지식의 필요성을 절감했다고 한다. 그녀는 이후 해블록 엘리스와 에드워드 카펜터 Edward Carpenter의 성과학(性科學)sexology을 독학으로 연구해 1918년에 결혼 생활 지침서인 《부부애Married Love》와 《현명한 부모Wise Parenthood》를 출판했다. 이 저서들이 성공을 거두자[96] 여기에 고무된 스톱스는 런던의 노동자 지구에 '모성 진료소'를 개설해 무료 진료를 시작한다. 이 진료소는 매우 인기가 높아 방문 여성의 수가 1929년까지 만 명을 넘었으며 1945년까지 추산하면 4만 5,000명에 달했다.[97] 스톱스는 저서와 진료소의 성공뿐 아니라 금기를 깨는 과감한 주장과 행동, 이혼 소송과 재혼으로 유명해졌다. 유명 인사가 된 그녀에게는 피임이나 성적 문제, 불임 수술 등에 관해 조언을 구하는 상담 편지도 쇄도했다.[98]

스톱스의 산아 제한론은 과잉 인구 조절이라는 맬서스주의적 전제에서 출발한 것이 아니라 여성의 신체에 대한 자율적 통제와 긍정적 우생학을 통한 '인종의 개량'에 뿌리를 둔 것이었다. 원치 않는 임신의 공포에서 벗어난 부부간의 성애와 남녀 동등한 성적 쾌락의 향유, 이를 통한 자주적 모성 실현과 건강한 인종의 생산이 스톱스가 주장하는 산아 제한의 목적이었다. 맬서스 동맹과는 이념을 달리한 스톱스는 새로운 산아 제한 운동 단체인 '건설적 산아 제한과 인종 진보를 위한 협회 Society for Constructive Birth Control and Racial Progress'를 발족했다.[99]

자존심과 과시욕이 강한 성격에다 영국 산아 제한 운동의 선구자라는 자부심에 가득 차 있던 스톱스는 좀처럼 다른 단체와 협력하려 하지 않았다. 그녀는 우생학과 단종법의 열렬한 신봉자였지만, 1912년에 가입한 우생교육협회와도 자주 불화를 일으켰다. "인종적 가치가 낮은 하층 계급의 자녀가 많이 태어나 사회에 부담을 지워서는 안 되며 이를 방지하기 위해 피임법을 보급해야 한다"[100]는 그녀의 발언에서는 하층 계급에 대한 편견이 노골적으로 드러나기도 한다. 그러나 페미니스트로서 그녀는 모성의 자율권을 옹호했으며 사회적 지위나 경제적 조건에 관계없이 당사자인 여성이 자녀를 원하는지, 모성을 실현할 의사가 있으며 준비가 되어 있는지를 피임 지도의 판단 기준으로 삼았다. 그녀는 절실한 상황에서 진료소를 찾아오는 여성들을 진료할 때 자신의 우생학적 신념을 행동으로 옮기지는 않았다.[101]

양차 대전 사이의 시기에 영미 산아 제한 운동의 최대 관심사 중의 하나는 '완벽하고 이상적인' 새로운 피임 기구의 개발이었다. 산아 제한 운동가와 우생주의자, 양측을 동시에 만족시킬 수 있는 '마법의 총탄magic bullet'이 요구되었던 것이다. 산아 제한 운동가들에게 사용이 편리하고 실패하지 않는 피임약 개발은 풀어야 할 과제였다. 또한 우생주의자들은 중간 계급의 출산율 저하가 돌이킬 수 없는 대세라면 인구의 질적 저하를 막기 위해서는 하층 계급의 출산율도 효과적으로 낮추어야 한다고 생각했다. 새로운 피임약 개발은 1930년대 들어 실현되었다. 이 신약 개발은 영국과 미국이 공동으로 추진했는데 미국에서는 1873년에 제정된 컴스톡 법Comstock Law에 의해 피임 지식의 유포가 금지되어 있었기 때문에 개발에 필요한 실험은 영국에서 행해졌다. 재정은 미국에서는 록펠러 재단이, 영국에서는 우생협회가 지원했다.[102]

'무지한 여성들도 사용할 수 있는' 새로운 피임약의 개발을 추진한 영국 측 기관은 앞서 언급한 '산아 제한 조사위원회' 였다. 연구 책임을 맡은 옥스퍼드 대학의 동물학자 존 베이커 John Baker는 블래커의 대학 시절 친구였으며 생어와도 친분이 두터웠다. 신약의 영국 발매를 앞둔 1930년대 중반에 우생협회는 베이커의 연구 성과에 대해서 "하급의 인간, 즉 정신박약자 및 소위 '사회 문제 집단'의 범주에 들어가는 부류 등 기존의 피임법을 실행하기 힘든 사람들에게 효과를 발휘할 것"[103]이라고 기대했다. 이렇게 개발된 강력한 살정제(殺精劑)가 볼파Volpar이다.

스톱스는 자신이 개발한 여성용 페서리인 '종족 보호 캡 pro-race cap'으로 충분하다면서 베이커의 연구가 상업적이라고 비난했다.[104] 하지만 스펀지나 페서리에 비해 세척법, 편의성, 효과까지 높은 이 약은 1931년에 결성된 자발적 진료소와 산아 제한 운동 단체들의 연합체인 '산아 제한 전국협회 National Birth Control Association'와 그 후신인 '가족계획협회Family Planning Association'가 추천하는 공식 피임약이 되었다. 1960년대에 차세대 피임약인 배란 억제 호르몬을 이용한 경구 피임약이 개발될 때까지 의사들은 볼파를 사용할 것을 권장했다.[105]

우생협회는 피임약 개발에 자금을 원조했을 뿐 아니라 산아 제한 전국협회에 연간 100파운드의 자금을 원조했으며 우생협회 건물을 무상으로 산아 제한 전국협회의 사무실로 이용하게 했다. 우생협회가 1930년에 우생학 신봉자인 호주의 농장 경영자 헨리 트위친Henry Twitchin이라는 인물에게 거액의 기부를 받아 재정이 넉넉해진 반면, 활동비의 대부분을 회원들의 기부에 의존하고 있던 산아 제한 전국협회는 사정이 달랐다. 산아 제한 전국협회로서는 우생협회와의 협력이 불안정한 재정 문제를 해소할 수 있다는 장점이 있었으며, 우생협회는 산아 제한 단체와의 협력을 통해 노동당에 영향력을 행사할 것을 기대했다.[106]

1920년대에 민간 산아 제한 운동 단체가 활발하게 활동했음에도 불구하고 보건부는 여전히 피임 지식의 유통을 금하는 태도를 바꾸지 않았다. 그러던 중 1922년에 한 방문 간호사가 산아 제한에 관한 정보를 유포했다는 이유로 현직에서 해고되자 대대적인 항의와 청원이 따랐다. 우생협회 역시 공적

건강 서비스의 항목에 산아 제한을 도입할 것을 촉구하는 청원에 참가했다.[107]

　보건부가 태도를 바꾸어 의회 승인 없이 은밀하게 피임 지식을 유통하는 것을 용인하는 문서 '모자 복지 비망록 153(Memo 153/MCW)'을 발표한 것은 1930년의 일이었다. 이 문서는 "임신 상태를 지속하는 것이 의학적 견지에서 여성의 건강에 유해하다고 판단되는 경우에 한해서만 지방 당국이 모자 복지 센터에서 산아 제한에 관한 지식을 조언할 수 있다"[108]라고 규정했다. 그러나 이는 마지못해 도입한 미봉책에 불과한 것으로, 1937년까지 423개 센터 중에서 피임 지도를 위한 진료소가 실제로 개설된 곳은 95개 진료소에 지나지 않았다. 또한 임신 상태를 지속할지의 여부를 의사의 판단에 맡김으로써 여성의 생식권을 의료 전문가의 손에 넘겨주는 결과를 초래한 조치이기도 했다.[109]

　산아 제한은 국가 정책에 의해 우생학적 사회 공학이 실현될 가능성을 열어주었다. 산아 제한 운동 측의 기대에 못 미친 소극적이고 불완전한 것이었다고는 하지만 '모자 복지 비망록 153'으로 표명된 보건부의 방향 전환은 국가와 의료 전문가가 주도하는 가족계획 정책으로 이행하는 계기가 되었다. 산아 제한을 우생 정책으로 이용하기 위해서는 국가 정책으로의 진입이 필요했다. 따라서 우생협회는 피임 지식의 보급과 피임약 개발을 위해 민간 산아 제한 단체와 협력하는 한편 단종법 제정을 위한 캠페인을 추진해나가게 되었다.

2. '단종은 영구적 피임 수단' — 단종법 제정을 위한 운동

영국에서는 우생 단종법이 제정되지는 않았지만 1930년대에 우생협회를 중심으로 단종법을 제정하려는 노력이 있었다. 1931년 7월 21일 의회에 '자발적 단종법안Voluntary Sterilisation Bill'이 제출된 것은 정신 박약자[10]를 의료의 관리 아래 두고 효과적으로 감소시키려는 의료 전문가들의 의욕에 우생협회의 적극적인 선전 활동이 가세한 결과였다. 그러나 이 법안은 투표 결과 노동당 의원들의 반대에 부딪쳐 167대 89로 부결됨으로써 법제화에는 이르지 못했다.[111]

1920년대 후반 들어 정신 박약자의 비율이 1905년에 1,000명당 4.6명이던 것에서 1927년에는 8.4명으로 증가하자, 의료 전문가들은 정신 박약을 감소시키는 방법으로서 단종에 주목했다. 그러나 정신 박약자의 수가 증가한 것은 자연 증가에 따른 것이 아니라 1913년에 '정신박약법Mental Deficiency Act'이 성립된 이후 통계에 포착되는 환자 수가 증가했고, 1929년의 법 개정으로 업무가 구빈법 관할구에서 주county로 이관되면서 등록 및 재분류가 이루어져 이들의 존재가 수면 위로 떠올랐기 때문이었다.[112] 정신 박약자는 부모의 의무를 수행할 수 없으므로 법률로 결혼을 제한해야 한다고 주장한 정신 위생 담당 기관 '관리위원회'의 1928년 연례 보고서[113]와 우생 단종의 유효성을 인정한 1929년의 '정신 박약에 관한 정부 위원회' 보고서[114]도 이런 배경을 만드는 데 일조했다.

1910년대부터 이미 우생협회는 단종의 필요성을 거론하고 있었다. 레너드 다윈은 부적격자의 생식 제한이 중간 계급의 세금 부담을 낮추고 복지 비용을 절약하며 노동력의 효율성을 높이기 때문에 산업의 합리화에 도움이 된다고 주장했다. 1928년 다윈의 주도하에 최초의 '단종법 초안'을 정리한 우생협회는 1931년에 우생협회 내부에 '우생 단종 법제화를 위한 위원회'를 설치해 본격적인 선전을 개시했으며 '정신건강 중앙협회Central Association of Mental Welfare'와 협력해 왕립위원회Royal Commission[115]를 개최하도록 보건부에 압력을 가했다.[116] 이에 대한 보건부의 응답으로 개최된 것이 '자발적 단종에 관한 정부 합동 위원회'였다.

　로렌스 브록Lawrence Brock을 최고 책임자인 위원장으로 삼은 이 위원회가 발족된 것은 1932년 6월이었다. 위원회는 36차례 회의를 열어 60명으로부터 증언을 들었고, 1934년에 조사 결과를 정리한 보고서를 발간했다. 보고서는 정신병의 원인은 유전인 경우가 많다고 결론지으며 정신 박약자나 유전성 맹인, 농아의 범주에 포함되는 사람들의 자발적 단종을 법률로 의무화하도록 권고했다. 단, 불임 수술은 반드시 보건부 장관의 인가를 받아야 하며 당사자의 동의를 구할 때는 수술의 본질과 의미를 숙지시킬 것을 의무로 정해 안전망을 마련했다. 의사의 자의적인 판단이 개입하거나 환자의 동의를 얻지 않은 수술이 강요될 수 있다는 우려 때문에 정신 병원이나 수용 시설 내에서의 수술은 금지했다.[117]

　브록 위원회가 자발적 단종의 법제화를 권고한 후인 1935년

5월 23일에 우생협회, 정신건강중앙협회, 정신병원협회 등의 대표로 구성된 '자발적 단종을 위한 합동 위원회'는 보건부 장관 힐튼 영Hilton Young을 방문해 자신들의 권고를 수용할 것을 촉구했다. 보건부는 여론이 성숙하지 않았다는 이유를 들어 합동 위원회의 요구를 받아들이지 않았다.[118] 하지만 합동 위원회의 로비는 계속되어 1935년 10월 총선거 직전에는 544명의 국회의원 중 259명을 대상으로 로비를 벌였고 이 중에서 202명의 공감과 이해를 이끌어냈다고 우생협회 측은 기록하고 있다.[119]

우생협회의 주장대로라면 국회의원들이 공감을 보였고 여론의 지지도 있었는데, 왜 우생 단종법은 제정되는 데 실패했을까? 1935년 3월《모닝 포스트Morning Post》지의 의식 조사에서 영국민의 78.6퍼센트가 정신 박약자의 단종에 찬성한다는 결과[120]가 나온 것에서도 확인할 수 있듯이 여론이 어느 정도 우생 단종법 제정에 유리한 방향으로 기운 것은 사실이었다. 그럼에도 불구하고 법 제정이 실패로 돌아간 것에 대해 우생협회는 1935년 선거를 앞두고 가톨릭교도나 노동당 등 단종 반대파의 표를 의식한 보건부 장관의 미온적 태도, 1933년에 제정된 독일의 나치스 우생 단종법의 악영향, 제2차 세계대전의 발발 등을 원인으로 들고 있다.[121]

보다 구조적인 실패 요인으로는 우생학의 유전론에 대립하는 환경론이 공중 보건의를 비롯한 의료 전문가들의 직업윤리로 정착되어간 것을 들 수 있다.[122] 브록 위원회의 보고서는 단종을 권고했지만 의료 전문가 공동체 내에서는 정신 박약의 유전성이 광범위한 동의를 얻어내지 못했다. 의사협회는 공식적으로 단종을 지지하지 않았으며, 브록을 제외한 다수의 위원회 구성원들은 정신 박약자의 격리 수용과 정신과 의사에 의한 치료 행위를 중시했고, 단종은 시설 운영비 절감을 내세워 치료를 포기하는 책임 회피라고 비난하는 입장이 강했다.[123]

사실 무엇보다도 강한 반대는 노동당과 노동 운동 진영에서 나왔다. 우생협회는 노동자 계급의 하층부를 겨냥한 계급 차별적 입법이라는 노동당의 비난을 잠재우지 못했다. 노동당은 '사회 문제 집단'과 하층 노동자를 동일시하는 우생학을 비난했다. 사회 문제 집단에 대해 단종을 실시할 경우 결국 그 대상은 빈곤층 노동자에 집중될 수밖에 없다는 것이었다. 의회 토론에서 노동당 의원들은 특히 단종을 위한 불임 수술의 '자발성'을 문제 삼았다. 아일랜드 출신의 노동당 의원 존스J. J. Jones는 "자발적 단종의 대상자는 타인의 도움 없이는 살아갈 수 없는 자들이기 때문에 단종은 결국 강제적인 것이 될 수밖에 없다"[124]고 비난했다. 환자의 동의를 얻는다 하더라도 그 조건으로 정신 병원 시설에서 퇴원할 것을 내세운다든가 생활 보조금을 지급하는 대가로 단종 수술에 사인하게 한다면 그것이 과연 '자발적'이라 할 수 있느냐는 것이었다. 또한 환자의 상태에 따라서는 의사 표현 자체가 어려운 경우도 있을 것이다. 따라서 우생협회가 애써 단종의 자발성을 강조하더라도 그 실시 과정에서 강제성을 띨 위험이 농후하다는 혐의와 비난을 면하기는 어려웠다.

이렇게 노동당이 반대하는 상황에서 효과도 의심스러운 법률을 제정하도록 정치적 합의를 도출해내기는 힘들었다. 영국의 엘리트 충원 시스템은 마치 사회적 지위가 세습되는 것처럼 보일 정도로 불평등을 구조화했다. 따라서 영국 사회에서는 개인의 지능, 능력, 사회적 가치가 '유전'된다는 우생학의 주장이 설득력을 얻을 수 있었을지 모른다. 그러나 이러한 구조적 불평등이 개인의 자유를 보호하는 법률적 장치와 유연한 의회 민주주의에 의해 상쇄되고 있었다는 사실 또한 중요하다. 1930년대 중반의 영국 정치는 1918년 이후 대중 민주주의의 대두라는 변화 속에서 방향타를 잡고 실업자 300만이라는 사회적 긴장을 헤쳐 나가고 있었다. 단종법이 제정되려면 이런 정치적 균형을 깨뜨려야 하는데 이는 불가능했다.[125]

단종법 제정이 실패한 직접적 원인은 법률적인 장벽을 타개할 수 없었다는 데 있었다. 법률적 해석의 문제는 우생협회가 단종과 산아 제한의 관계를 어떻게 설정하고 있었는지를 살펴보는 데 중요한 논점이다. 단종은 '치료 목적의 단종'과 '비(非)치료 목적의 단종'으로 나눌 수 있는데 우생협회가 합법화하려고 한 것은 후자, 즉 '우생'을 이유로 한 비치료 목적의 단종이었다. 치료 목적의 단종은 금지되어 있지 않았으며 단종 수술을 받은 환자가 사망하는 사건이 화제가 되기도 했다. 예를 들어 1935년 1월 18일과 19일자 《이브닝 스탠더드*Evening Standard*》, 《데일리 익스프레스*Daily Express*》, 《데일리 헤럴드*Daily Herald*》지에 불임 수술을 받은 37세의 여성이 사망한 사건이 보도되었다. 두 자녀를 둔 이 여성은 심한 빈혈을 앓고 있어 더 이상의 임신은 건강에 중대한 해를 미친다는 의사의 진단에 따라 불임 수술을 받았으나 후유증으로 사망했다.[126]

한편 비치료 목적의 단종이 합법인가 불법인가에 대해서는 법률적인 해석이 확정되어 있지 않았다. 거세는 명백하게 불법으로 규정되었다. 영국 보건부의 보고서에 따르면 잉글랜드 타인위어 주 게이츠헤드 시의 한 학교에서 성적 비행을 저질렀다는 이유로 12세와 13세의 소년 세 명을 거세한 사건이 일어났다. 수술을 맡은 의사는 소년들의 부모가 수술을 요청했으며 수술 후에 소년들이 더 이상 성적 비행을 저지르지 않았다는 증거를 들어 그것이 치료를 목적으로 한 정당한 수술이었다고 주장했다. 하지만 보건부는 이에 대해 불법적인 단종이라는 결론을 내렸다.[127]

그러나 거세가 아닌 정관 절제 수술이나 난관 폐색 수술의 경우에는 판단이 애매했다. 환자의 몸에 부담이 적으며, 생식 능력을 제거할 뿐 환자를 성적 불구자로 만들지는 않는 비치료 목적의 단종은 법률적인 해석이 확정되어 있지 않은 상태에서 은밀하게 이루어지고 있었다고 볼 수 있다. 실태를 정확하게 파악하기는 힘들지만 우생협회나 스톱스에게 우송된 상담 편지나 신문 기사 등을 통해 추측해볼 수 있다. 우생협회 활동가 코라 호드슨은 버밍엄의 한 산아 제한 진료소에서 여러 건의 우생 단종 수술이 행해졌다고 보고한 바 있으며,[128] 스톱스가 받은 상담 편지 중에서 약 5퍼센트는 단종에 대해 묻거나 우생학적인 조언을 구하는 내용이었다.[129] 1935년 2월 16일자《데일리 익스프레스》는 단종법을 둘러싼 윤리적인 문제를 토론하는 왕립 의학회 모임에서 한 산부인과 의사가 과거 5년 동안 런던 시내의 병원에서 75건의 단종 수술을 시술한 사실을 고백했다고 보도했다. 보도에 따르면 이 의사는 "수술을 받은 환자 중에는 정신 박약아를 낳은 여성도 여러 명 있었다. 환자의 요구가 있다면 나는 앞으로도 이러한 수술을 계속할 생각"[130]이라고 소신을 밝혔다고 한다.

우생협회는 이처럼 실제로는 우생적인 이유로 행해지고 있는 불임 수술이 현행 법률상으로는 불법이 되는 상황을 우생 단종법의 제정을 통해 타개하려고 했다. 법률상 최종적으로 단종법 제정에 장애가 된 것은 1861년에 제정된 '인신법Person Act'이었다. 이 법에 따르면 '본인의 동의에 의한 자발적 단종'이라 할지라도 '악의적인 상해' 혹은 '고의적인 상해'에 해당해 불법이 되었다.[131] 즉 우생협회는 자발적 단종법의 제정을 통해, 인신법의 규정을 탈피해 '환자의 동의를 얻은 자발적인 단종'을 '불법'에서 '합법'으로 전환시키고자 시도했던 것이다. 단종 수술이 영구 피임의 수단이 된다는 점은 우생협회의 단종법 제정을 위한 운동에서 중요한 포인트가 되었다.

3. 단종법 운동에 대한 여성 단체의 지지

우생협회의 단종법 운동과 이에 대한 여성들의 반응은 여성 단체들이 단종에 찬성한 이유를 밝히는 데 단서를 제공한다. 우생협회의 선전 활동은 강연회, '모범 가정 전시회Ideal Home Exhibition'[132]나 '건강 박람회Health Exhibition' 등의 전시회 참가, 포스터나 영화를 이용한 선전 등 다양한 방법을 동원해 진행되었다. 1937년에 우생협회는 두 편의 선전 영화 〈세대에서 세대로From Generation to Generation〉와 〈인간의 유전〉을 제작했다. 〈인간의 유전〉은 생물학자 줄리언 헉슬리가 내레이션을 담당한 15분짜리 단편 영화로, 스포츠와 음악 분야에서 탁월한 재능을 발휘한 가계(家系)와 정신 박약의 가계를 대비시켜 유전의 메커니즘을 설명하는 내용이다. 헉슬리는 영화의 마지막 장면을 "장애인을 제대로 관리하는 것은 사회의 당연한 의무지만, 그들이 태어나지 않는 편이 자신을 위해서도 사회를 위해서도 보다 행복한 일이 될 것이다"[133]라는 말로 끝맺는다.

1936년 7월에 '건강교육 중앙협의회Central Council for Health Education'가 전시한 선전 포스터 중에는 우생협회의 포스터도 포함되어 있었다. 포스터에는 "부적격자는 적격자의 무거운 부담이다", "유전성 질병은 큰 비극을 낳는다", "유전성 질병의 멍에로부터 해방을", "신중한 결혼으로 건강한 국민을", "건강한 종자만을 뿌리자!" 등의 문구가 적혀 있었다. 이 포스터들은 보건부의 요청에 의해 제작된 것으로 공중 목욕장, 도서관, 시청, 병원, 공원, 운동장 등 공공장소에 전시되었다. 우생협회의 포스터는 치아 건강을 위해 이를 잘 닦고 치과를 정기적으로 방문하자는 치과 의사협회의 포스터,

영양적으로 균형 잡힌 식사를 권장하는 건강 교육 단체의 포스터, 임산부 및 신생아의 건강을 위해 모자 복지 센터와 출생 전(前) 진료소[134]를 방문할 것을 호소하는 모자 복지 단체의 포스터 등과 함께 배포, 전시되었다.[135]

이는 보건부가 우생협회를 모자 복지나 건강 교육을 추진하는 자발적 단체의 하나로 인식하고 있었으며 대중에게도 그렇게 수용되고 있었음을 시사한다. 보건부와의 협력 아래 위생 개혁이나 예방 의학의 선전과 뒤섞여 진행된 이러한 선전 활동을 통해 우생협회는 대중의 일상적인 삶에 침투하고 개입하고자 했다. 섹스는 '인종'의 미래가 결정되는 신성한 장이며 신중한 결혼과 건강한 자녀의 출산 및 양육, 건강한 가족이 국가의 이익이 된다고 선전함으로써 가정생활이라는 '사적 영역'을 '공적 영역'으로 끌어내 우생학의 원리를 내면화하고자 했다.

1925년부터 1937년까지 단종법 추진 운동이 일어난 기간 동안 우생협회는 '유전의 법칙, 건강한 가족과 병든 가족', '인구의 미래, 인구의 양과 질', '부적격자의 자발적 단종' 등을 테마로 수백 차례의 강연회를 개최했다. 각 강연회의 장소, 대상 단체, 참가 인원, 청중의 반응과 토론 내용 등을 기록한 짤막한 보고서가 약 600통 정도 남아 있다.[136] 간략한 상황 보고와 평가를 담은 몇 줄 되지 않는 짧은 문장, 그것도 기록자의 의도적 왜곡이 작용했을 가능성이 있는 보고서를 통해 대중들의 의식을 복원해내기란 쉽지 않지만 희미한 얼마간의 목소리는 들을 수 있을 것이다. 보고서에 따르면 정신 박약자를 직접 간호하는 여성들이나 장애인들의 경우 더욱더 적극적으로 단종법에 찬성했다. 국교회가 운영하는 정신 병원 시설에서 열네 명의 여성을 돌보고 있다는 한 간호사는 자신의 환자들이 혹시라도 밖에 나가면 무슨 일을 당할지 불안해서 견딜 수 없다며 하루빨리 단종법을 제정해 이런 걱정을 덜어달라고 했다. 법이 실시되면 그들도 격리에서 벗어나 결혼도 하고 인간적인 삶을 살 수 있으리라는 것이었다.[157]

자신과 같은 선천성 기형을 가지고 태어나는 불행을 막기 위해 단종에 찬성한다는 여성도 있었다.[158] 장애는 신체에 발생하는 물리적 손상이나 결여 그 자체가 아니라 이를 이유로 사회가 가하는 불이익과 활동의 제약 때문에 생겨난다. 이러한 의미에서 장애는 '자연'이 아니라 '사회적 사실'이다.[159] 그러나 장애의 당사자라고 해서 반드시 차별에 대해 가장 민감하고 예리하게 비판을 가하는 것은 아니다. 오히려 당사자일수록 장애를 구성하는 사회적 편견을 비판하기 전에, 장애로 인해 자신이 겪은 차별과 곤란을 먼저 상기하고 '나 같은 불행한 사람이 다시는 태어나지 않도록' 장애인 출생의 예방에 관심을 보일 수 있다. 위의 예를 통해서도 이러한 경향을 확인할 수 있다.

우생학이 등장하기 이전에도 배우자를 잘 고르는 법, 유전적 질병이 있는지 가계를 살펴볼 것 등을 조언하는 대중 의학서, 결혼 매뉴얼 종류의 책은 널리 읽혀왔으며,[140] 자녀를 낳고 기르는 일을 직접 담당해온 여성들은 기형아 출생 예방에 남성들보다 더 관심을 가져왔다. 하지만 '건강한 아이를 낳고 싶다는 희망'과 '장애아를 낳지 않겠다는 희망'은 분명히 구별되는 것이면서도 둘 사이의 경계선은 매우 얇다. 산아 제한을 장애인의 신체에 강제로 실시하는 단종법을 여성들이 지지한 것은 대중의 의식 속에 잠재하고 있는 장애에 대한 부정적인 인식, 즉 우생 사상의 토양 위에서 표출된 것이었다.

보고서에는 정신 장애자의 섹슈얼리티에 대한 편견도 드러나 있다. 당시 영국에는 단종이나 거세가 정신 박약자의 문란한 성 습관이나 성적 비행을 치료할 수 있다는 통념이 존재했다. 식육 시장에서 일하는 남성 노동자들을 대상으로 강연했을 때 우생협회는 성적으로 음란한 정신 박약자들의 단종을 적극적으로 주장하고 나섰다. 청중들은 동물의 품종 개량은 신중하게 선택하면서 인간은 왜 제멋대로 번식하게 내버려두는가라고 비판하며 자발적 단종이 아니라 강제적 단종이나 거세를 해야 한다는 반응을 보였다.[141] 단종은 환자의 생식 기관에 수술을 가하는 것이기 때문에, 대중의 의식에서 단종 수술은 거세와 구별되지 않았다. 거세가 성적 비행을 치료한다는 생각은 앞서 언급한 게이츠헤드 시의 거세 사건이나 상습적 강간범 등의 성적 비행자를 우생 단종법 대상자에 포함시킨 미국의 예에서도 드러난다.[142]

우생협회 강연회의 대상이 된 단체로는 로터리 클럽[143]이나 친목 단체, 교회 등 성별 구분이 없는 단체도 있었으나 압도적으로 여성 단체가 많았다. '평등시민권협회 전국동맹', '전국여성협의회' 같은 중간 계급 단체뿐 아니라 노동자 계급 단체인 '여성협동조합 길드'와 '노동당 여성부' 등도 포함되어, 정치

116

적 지향이 다른 여러 단체가 망라되어 있었다.[144] 1930년대의 여성 조직들은 산아 제한 운동 조직이 아니더라도 가톨릭 계열을 제외하고는 거의 예외 없이 산아 제한에 관심을 보였다. 주요 여성 단체들이 산아 제한에 크게 관심을 보인 것은 우생 협회가 단종법 제정 캠페인을 벌이는 데 유리한 조건이 되었다. 우생협회는 산아 제한에 관심이 많던 여성 단체를 대상으로 단종과 산아 제한을 함께 논함으로써 단종에 대한 여성 단체의 지지를 이끌어낼 수 있었다.

여성협동조합 길드는 160여 명의 노동자 계급 여성이 보낸 편지를 정리해 1915년에 《모성─노동자 계급 여성들의 편지 *Maternity ─ Letters from Working Women*》라는 책으로 발간했다. 이 책에서 여성협동조합 길드는 다산이 여성의 건강을 해치고 빈곤을 초래하기 때문에 모자 복지 센터 설립, 모성수당 지급 등의 모성 보호 정책을 실시하는 것이 시급하다고 주장했으나 산아 제한에 대해서는 조심스레 발언을 피했다.[145] 하지만 1930년대가 되자 여성협동조합 길드는 보건부가 인정한 의학적인 이유뿐 아니라 경제적인 이유로도 피임을 인정해야 한다고 주장하기 시작했다. 실업이나 빈곤으로 인한 영양실조 상태에서 임신하게 되면 유아 사망률과 임산부 사망률이 높아질 수 있기 때문에, 경제적인 이유로 피임을 바라는 모든 기혼 여성에게 피임 지식을 보급해야 한다는 것이었다.[146]

20세기 초에 사회 문제가 되었던 높은 유아 사망률은 경제적 조건의 호전과 위생 상태 개선, 모자 복지 서비스의 보급으로 꾸준히 낮아지고 있던 반면 임산부의 사망률은 1930년대가

되어도 여전히 높았다. 따라서 "탄광에서 일하는 것보다 아이를 낳는 일이 네 배나 더 위험하다"[147]는 슬로건을 내걸고 모성 보호를 위한 산아 제한을 호소하지 않을 수 없었다.

한편 노동당의 남성 지도부는 유권자의 표를 의식해 피임 지식의 보급에 대해 부정적인 태도를 보여왔다. 전통적으로 사회주의자나 노동 운동의 지도자들은 맬서스주의가 자본과 노동의 모순을 은폐하고 노동자의 저임금을 과잉 인구의 탓으로 돌린다고 비판해왔고, 따라서 신맬서스주의에 연원을 둔 산아 제한 운동에 대해서도 노동 문제의 본질을 흐린다며 의심의 눈길을 보냈다. 이런 상황에서 노동당 여성부는 산아 제한이 노동자 문제를 해결하는 중요한 사회 개혁의 하나임을 호소해야 했다. 노동당의 여성 당원들은 잦은 임신과 출산이 여성 자신과 자녀, 가족에게 미치는 악영향을 강조해 산아 제한에 대한 남성 노동자들의 이해와 지지를 얻어내고자 했다.[148] 그러나 노동당의 여성들도 우생 사상에서 결코 자유롭지 못했으며 노동당 여성부 전국 회의에서 한 대표는 "정신 박약아를 둔 어머니는 또다시 이런 아이를 낳지 않기 위해서 피임 지식을 알아야만 한다"[149]고 발언했다.

우생협회의 선전 활동에서는 여성들의 활약이 두드러졌다. 힐다 포콕은 단종법 운동의 대중 선전가였고 코라 호드슨과 에바 후백은 우생협회와 다른 여성 단체의 제휴를 매개하는 역할을 했다. 이들의 활동은 1930년대에 주류가 된 개량 우생학의 노선과 궤를 같이한다. 포콕은 열성적인 선전가로 1933년부터 1940년까지 혼자서 연간 100회가 넘는 강연 활동을 해냈다. 포콕의 강연에 모인 청중은 주로 노동자 계급 여성이었으며 그녀의 선전은 우생학이 하층 계급의 출산율 감소를 목적으로 하는 계급 차별적인 시도라는 '오해'를 없애는 것을 목표로 했다. 우생학적으로 바람직한 유전적 소질은 반드시 계급 구분 선과 일치하지 않으며 계급에 관계없이 분포한다는 것이 포콕의 주장이었다.[150]

1930년대에는 출산율의 저하가 인구 감소와 고령화를 가져올 것이라는 우려가 현실감을 띠기 시작했기 때문에, 계급별 출산율의 차이에 집착하는 낡은 논의는 우생주의자들 내부에서도 세력을 잃어갔다. 이니드 찰스의 《부모의 황혼》이나 데이비드 글래스의 《인구를 위한 투쟁》 등에서 제시된 통계는 19세기의 경제 성장을 지탱했던 생산성 높은 인구 구조가 노령 인구가 되어가는 구조적 전환기에 돌입했음을 입증하는 것이었다.[151] 이는 곧 생산 인구인 납세자의 부담이 가중된다는 것을 의미했다. 따라서 단종을 통해 복지 비용 지출에 부담을 주는 정신 박약자의 출생을 예방하는 동시에 가족 수당과 같은 출산 장려책을 도입해 인구 자체의 양적 증가를 도모해야 한다는 우생주의의 주장이 수용될 여지가 있었다. 1930년대에 우생협회는 인구 문제를 논하는 장을 제공했다. 이제 막 등장한 학문인 인구학은 대학에서 아직 시민권을 얻지 못한 상태였기 때문에 지원을 필요로 했는데, 우생협회가 제공할 수 있는 정치적 네트워크, 재정적 능력, 지식 엘리트들 간의 교류는 이런 상황에서 매력적으로 작용했다.[152]

이러한 인구 구조의 변화에 조응해 등장한 것이 개량 우생학이었다. 골턴이 사회적 지위와 개인의 시민적 가치가 대체로 일치한다고 본 반면, 개량 우생주의자인 줄리언 헉슬리는 현재의 사회적 지위는 개인의 우생학적 가치를 결정하는 기준으로 적절치 않으며 '부적격자'가 반드시 하층 계급에 존재하는 것은 아니라고 보았다. 실력주의의 입장에서 헉슬리는 개인의 능력 차이를 결정하는 것이 유전인지 환경인지를 올바르게 판단하기 위해서는 경쟁의 조건을 가능한 한 균등하게 정비할 필요가 있다고 강조했다. 기회의 균등이 보장되지 않는 상태에서는 진정한 유전적 차이가 드러나지 않는다는 것이었다.[153] '본성'과 '양육'의 상대적인 공헌도를 올바르게 측정하기 위해서는 사회적 조건을 평등하게 해야 한다는 개량 우생학은 '계급 없는' 우생학의 실현을 시사하는 것으로서 사회주의자들의 관심을 끌기도 했다.[154]

1926년부터 1932년까지 우생협회의 서기를 지낸 코라 호드슨은 산아 제한 단체와 협력하기를 꺼리는 우생협회 내의 레너드 다윈과 보수파를 설득하는 데 주력했다. 저서 《오늘날의 단종Human Sterilization Today》에서 호드슨은 단종을 인류가 오랜 세월 동안 실천해온 산아 제한의 한 방법으로 위치 지으며 논의를 전개한다. 피임 지식이 보급되지 않았던 시대에도 인류는 금욕, 성교 중단, 낙태, 약물 등 다양한 방법을 동원해 재생산을 통제해왔으며, 건강상의 이유에 의한 불임 수술은 당시에도 합법적으로 행해졌다는 것이다. 또 우생 단종의 효과는 우생적 측면에서 그치는 것이 아니라 영구 피임을 가능케 하는 데까지 이르기 때문에, 출산과 육아의 부담이 줄어들고 가족의 경제 사정도 개선될 수 있다는 점을 강조했다. 요컨대 호드슨의 논리는 우생 단종을 불임 수술과 동일시해 단종이야말로 가장 확실하고 영구적인 피임 수단이라고 호소하는 것이었다.[155]

호드슨의 주장은 '노동자 계급의 이익에 반하는 법률'이라는 노동당의 반대 근거를 논박하기 위한 대책이기도 했다. 노동당의 반대에 대항해 블래커가 내세웠던 논리가 바로 '단종은 노동자 계급을 위한 유효한 산아 제한 수단'이라는 것이었다. 구빈법 감독관 리드베터E. J. Lidbetter나 캐러도그 존스Caradog Jones와 같은 강경파 우생주의자들은 실업, 빈곤, 다산, 높은 유아 사망률은 하층 노동자 계급에만 해당된다고 여기며 만성적 빈민을 사회 문제 집단으로 보았다. 이런 인식의 기원은 20세기 초 찰스 부스의 사회 조사와 우생학 연구소의 칼 피어슨의 가계 조사로 거슬러 올라간다. 부스와 피어슨의 조사에 따르면 빈민 중에는 정신 박약자가 상당수 있으며 이들은 독자적인 생물학적 계층을 형성하고 서로 결혼함으로써 빈곤을 대물림한다.[156] 그러나 블래커, 헉슬리, 카선더스 등의 개량 우생주의자들은 리드베터의 견해를 비판하고 사회 문제 집단과 하층 노동자 계급을 신중하게 구별하고자 했다.[157] 정신 박약자에 대한 자발적 단종이 합법화되면 현재는 불법이기 때문에 많은 비용이 드는 정관 절제 수술이나 난관 폐색 수술을 빈곤층도 받을 수 있게 된다는 점을 블래커는 강조했다.[158] 우생 단종법이 성립되면 그 부산물로서 우생 단종을 포함하는 보다 넓은 의미의 불임 수술이 저렴하고 용이해진다는 것이었다.

1929년에 우생협회에 가입하고 평의회의 일원이 된 에바 후백은 엘리노어 래스본과 함께 제1차 세계대전 이후 등장한 모성주의 페미니즘을 대표하는 인물이다. 세 자녀를 둔 미망인 후백은 페미니스트는 '어머니'여야 한다고 힘주어 말했고, 해방된 여성에게 모성을 매력적인 것으로 받아들이게 만드는 것, 페미니즘과 모성을 조화시키는 것이 일생의 관심사였다. 1933년에 래스본의 뒤를 이어 평등시민권협회 전국동맹 회장으로 취임한 후백은 여성 운동의 주체와 대상을 '독신 여성'이 아니라 '기혼 여성'으로 상정하고, 기혼 여성의 지위 향상과 재산권 획득, 여성 고용의 확대, 아동 및 모자 복지 입법을 이 단체가 추구해야 할 방향으로 삼았다. 그녀는 그 밖에 '산아 제한 전국협회'와 '가족 수당 협회'에서도 활발히 활동했다.[159]

남성과 여성의 차이와 여성의 특수한 입장을 강조하는 래스본과 후백의 노선은 제1차 세계대전 이후 등장한 '새로운 페미니즘New Feminism'의 흐름이었다. 이에 대해 남성과 여성의 차이보다는 동질성에 주목하는 '평등파' 페미니스트는 여성의 특수성에 대한 강조는 결국 성별 분업을 고착시키고 빅토리아 시대의 가정 중심주의로 회귀하는 것이라며 비난했다. 1927년 모성 보호 입법의 도입에 관한 찬반 토론에서 래스본의 노선과 대립한 반대파는 평등시민권협회 전국동맹을 탈퇴해 '식스 포인트 그룹Six Point Group' 같은 과격파 참정권 노선을 계승한 새로운 페미니스트 단체로 옮겨 갔다. 구(舊) 평등파 페미니스트 시슬리 해밀턴Cicely Hamilton은 모성 보호 입법이 여성의 몸을 '영원히 임신을 위해 준비된 상태'에 놓이게 한다고 비판했다. 위니프레드 홀트비Winifred Holtby와 베라 브리튼Vera Brittain 같은 신세대 페미니스트는 가족 수당이나 산아 제한에는 찬성하지만 모든 여성의 주된 직업을 어머니로 보고 여성성과 모성 역할을 강요하는 것에는 반대했다.[160]

1918년에 주어진 여성 참정권은 여성의 전쟁 협력에 대한 대가로서의 측면이 강했으며 전투적 페미니즘의 재등장을 막는 역할을 했다. 제1차 세계대전이 끝나자 여성들은 전쟁에서 상처를 입고 돌아온 남성들을 공격하는 일을 자제해야 했고, 전쟁 기간 동안 남성을 대신해 각 산업 분야에서 생산에 종사한 여성들에게 언론은 이제 가정으로 돌아가라고 외쳐댔다.[161] '새로운 페미니즘'은 모성의 강조를 통해 더 많은 여성들의 삶에 한 걸음 더 다가가고 기혼 여성들을 동지로 만들었다는 점에서 긍정적인 평가를 받을 수 있겠으나, 불평등한 젠더 관계에 대한 비판이라는 페미니즘 본연의 모습에서 멀어짐으로써 보수화되었다는 비판을 면할 수는 없었다. 모성주의 페미니즘은 그 모호한 정치적 입장과 절충주의로 인해 우생학과 협력했다고 할 수 있다.

우생협회는 단종법안이 국회를 통과할 수 있도록 국회 의원들에게 로비하는 일을 후백에게 맡겼다. 우생협회 측이 그동안 정치나 지방 당국, 보건부에 대한 로비 활동에서 보여준 그녀의 조직력과 재능을 높이 평가했기 때문이었다. 후백은 평등시민권협회 전국동맹에서 약 10년 동안 의회 담당 서기로 활동해 의회 활동에 밝았고 의원들과의 친분도 두터워 의회 로비에서 수완을 발휘할 수 있을 것으로 기대되었다.[162] 후백의 전기를 쓴 그녀의 딸은 "어머니는 웨스트민스터의 의회로 가는 길을 매일 오가며 국회의원들과 인사를 주고받았다"[163]고 회상했다.

1930년에 평등시민권협회 전국동맹이 자발적 단종에 찬성하는 결의를 하게 된 데는 후백의 영향력이 작용한 것으로 보인다. 후백은 확신에 찬 우생주의자로서, 산아 제한과 가족 수당 도입을 위한 활동과 우생학 사이에서 어떤 모순도 느끼지 않았다. 여성에게는 남성과 구별되는 여성 특유의 관심사가 있으며 '새로운 페미니즘'은 자녀의 출산과 양육에 관련되는 모든 곤란을 개혁하도록 노력해야 하기 때문에 인종의 개량을 목표로 하는 우생학은 여성 운동과 융합되어야 한다고 보았다.[164]

베스트셀러가 된 후백의 저서 《영국의 인구 The Population of Britain》는 인구의 양적 감소에 대한 처방을 논한 책으로, 피임의 보급과 출산율의 장기적 감소에 의한 노동력 부족이 영국 사회에서 시급한 문제로 대두되고 있다고 진단했다. 후백은 부족한 노동력이 중부 유럽이나 남유럽 혹은 구(舊) 식민지로부터의 이민에 의해 보충되는 추세에 있다는 것을 인정하면서도 이민 자체를 바람직한 현상으로 보지 않았다.[165] 이민으로 인한 인구 유입보다는 중간 계급 이상의 출산율을 높여 인구를 증가시키는 방법을 선호했고, 1946년에 도입된 가족수당이 출산 장려 효과를 가져오기를 기대했다.[166] 인구의 질적 향상을 수반하지 않는 양적 증가는 결코 바람직하지 않다는 것이 우생주의자 후백의 변하지 않는 신념이었다.

산아 제한을 원하는 여성들의 바람과 우생학이 만나는 접점에 마리 스톱스, 힐다 포콕, 코라 호드슨, 에바 후백 같은 여성들이 있었다. 여성들은 단종법을 지지함으로써 자신의 '낳지 않을 권리'를 남녀 장애인의 '낳을 권리'를 부정하면서 주장한 셈이었다. 당시의 산아 제한 운동 단체 중 우생학과 맬서스주의에 대해 비판적 입장을 분명히 밝힌 단체는 '노동자 산아 제한 그룹' 뿐이었다. 1924년에 열린 노동당 여성부의 연례 대회에서 노동자 산아 제한 그룹은 "노동당과 협력하는 것, 맬서스주의 및 빈민을 열등한 집단이라고 보는 우생학과는 의견을 달리하는 것을 명확히 한다"[167]는 선언을 해 우생학과는 일선을 그었다. 그러나 도라 러셀과 함께 노동자 산아 제한 그룹의 지도자였던 스텔라 브라운은 우생협회 회원이었으며 1938년 이후 낙태의 합법화를 위해 우생협회와 협력했다. 브라운은 우생학의 인종 차별적이고 계급 차별적인 측면에 대해서는 신랄하게 비판했으나, 인종의 행복한 미래를 위해 필요한 모든 방법을 강구한다는 개량 우생학의 취지에는 공감했다. 스텔라 브라운의 산아 제한 운동론은 사회주의, 페미니즘, 우생학이라는 이질적 요소가 한데 녹아 있는 독특한 것이었다.

1920~1930년대 영국에서 산아 제한 운동은 담론과 운동 두 차원에서 우생학과 제휴하고 있었으며 그 결과 여성 단체들은 단종법을 찬성하는 입장을 취했다. 산아 제한과 단종을 같은

문맥 위에 놓음으로써 단종에 대한 여성의 거부감을 줄이고 단종이 가장 효과적이며 영구적인 피임 방법이라고 선전하는 것이 우생협회의 전략의 핵심이었다. 산아 제한의 기술이 보급되면 더 많은 아이들이 '원해서 태어나는 자녀'가 될 것이다. 산아 제한에 대한 교육과 계몽 없이는 '무엇이 공동체를 위해 가장 이득이 되는가'에 대한 인식이 없는 채로 인구의 재생산이 이루어진다는 것을 우생주의자들은 우려했다.

그러나 단종과 같은 강제적인 방법은 개인의 자유를 중시하는 영국 사회에서 받아들여지지 않았다. 따라서 '부적격자'의 증식을 산아 제한 지식의 보급과 교육을 통한 설득으로 제한해야 한다는 쪽으로 방향이 정해질 수밖에 없었다. 단종법 제정에 실패하면서 전체주의적 욕망을 포기할 수밖에 없었던 영국의 우생학 운동은 건전한 일부일처제에 바탕을 둔 '보다 좋은 생식'을 계몽과 교육을 통해 추구해가는 보다 '온건한 윤리'에 흡수되어갔다.

제 4 장

예방적
우생학 [158]

긍정적 우생학과 부정적 우생학 이외에 영국 우생학에는 '예방적 우생학preventive eugenics'이라는 또 하나의 우생학적 실천이 존재했다. '양육'보다 '본성', '환경'보다 '유전'을 인간의 형질을 결정하는 요소로 보는 우생학이 질병의 예방에 관심을 갖는다는 것은 모순처럼 들릴지 모른다. 그러나 우생협회의 구체적인 활동은 본성과 양육의 이분법을 뛰어넘는 것이었다.

예방적 우생학의 구체적 조치가 집약된 것이 결혼 전 건강 진단이다. 우생협회는 구빈법 개혁과 이혼법 개혁, 아동 복지 정책뿐 아니라 알코올 중독 및 성병 방지를 위한 공중 보건 정책에도 관심을 보였다. 우생주의자들은 알코올 중독과 함께 성병을 '인종의 독'이라고 지목하며 우생학이 대처해야 할 사회악으로 간주했다. 그렇다면 본성이 양육에 우선한다고 보는 유전 우위론인 우생학 담론에서 유전 질환이 아닌 성병에 주목한 이유는 무엇이었을까? 성병은 유전병은 아니지만 모성 보호 및 차세대의 건강과 밀접하게 관련되기 때문이었다. 우생교육협회는 설립 당시부터 성병 방지를 위한 근본적인 대책으로서 성교육의 필요성을 주장해왔으며 1930년대부터는 결혼을 앞둔 남녀가 건강 진단 증명서를 교환할 것을 요구하는 '결혼 전 건강 진단 계획Pre-nuptial Health Schedule'을 추진했다.

이 장에서는 우생교육협회와 그 산하 단체인 '성병퇴치 전

국협의회National Council for Combating Venereal Diseases'
및 '영국 사회위생협의회British Social Hygiene Council'의 활
동을 중심으로 우생학이 섹슈얼리티 관리를 실천해가는 양상
을 살펴보고자 한다. 미셸 푸코Michel Foucault가《성의 역사
Histoire de la Sexualité》에서 논한 것처럼 우생학 담론이 20
세기 초에 등장한 성과학과 함께 섹슈얼리티를 관리하려는 지
식의 일환이었음이 우생협회의 성병 관리론이나 성교육론, 결
혼 전 건강 진단 계획에 관한 논의를 통해 드러날 것이다.

1. 제3의 우생학—예방적 우생학의 개념

예방적 우생학을 제시한 사람은 우생학 선전가 살리비다. 살
리비는 골턴의 저작을 읽고 감동해 에든버러의 산부인과 개업
의에서 우생학 운동가로 변신한 인물로서, 환경적 요소를 배
제하지 않고 우생학의 체계 안에 포섭함으로써 대중이 거부
감 없이 받아들일 수 있는 온건한 형태의 우생학을 제시했다.
특히 모성의 신성한 의무와 부모로서의 책임을 강조하는 살리
비의 '양육의 우생학'은 가톨릭교도처럼 우생학을 신랄하게
비판하는 사람들에게서도 공감을 얻었다.《부모의 책임과 인
종 문화*Parenthood and Race Culture*》(1909),《우생학적 진보
The Progress of Eugenics》(1914) 같은 살리비의 저서는 영국
안에서뿐 아니라 미국에서도 많이 팔렸다.
예를 들어《교회와 우생학*The Church and Eugenics*》(1912)

을 쓴 토머스 제라드Thomas J. Gerrard 같은 인물은 살리비를 높이 평가했다. 가톨릭 신부인 제라드는 강제 불임 수술과 같은 강경한 우생학적 조치에 대해서는 반대했지만, 우생학의 취지 자체에 대해서는 공감을 나타냈다. 그에 따르면 골턴이 적격자와 부적격자의 판별 기준으로 삼는 '시민으로서의 가치'는 신체적 능력이나 지적 능력에 편중되어 있으나, 우생학이 신성한 윤리로 승화되기 위해서는 사랑이나 헌신과 같은 종교적 가치를 수용해야 한다. 따라서 강경파 우생주의자들이 하층 계급을 안이하게 부적격자와 동일시하는 것과 달리, 모성애와 부모의 책임 의식을 강조하는 살리비의 우생학은 가톨릭의 이상에 한 걸음 더 접근해 있다는 것이었다.[169]

1911년에 출간한 저서 《인종 재생의 방법 *The Method of Race-Regeneration*》에서 살리비는 우생학의 체계에 '예방적 우생학'이라는 범주를 추가한다. 우수한 개체의 생식을 장려하는 긍정적 우생학과 열등한 개체의 생식을 억제하는 부정적 우생학 이외에 성병이나 알코올 중독, 결핵 등과 같은 '인종의 독'으로부터 부모의 건강을 지키는 것이 예방적 우생학의 개념이다.[170]

살리비의 우생학 체계에서 '본성'과 '양육'의 요소는 동일한 중요성을 갖는 양대 축으로 이해된다. '본성의 우생학'은 유전과 관계되는 제요소를 고려하는 것, '양육의 우생학'은 환경과 관계되는 제요소를 고려하는 것인데, 종의 재생을 목표로 하는 우생학은 어느 한쪽을 소홀히 해서는 안 된다는 것이다. 예방적 우생학이라는 범주를 도입함으로써 살리비는 유전적 요

인과 환경적 요인의 대립을 해소하고 양자를 모두 고려하는 우생학의 기획을 시도했다.[171]

환경 요인을 중시하는 살리비는 알코올 중독의 문제를 둘러싸고 유전 결정론자인 피어슨과 대립했다. 살리비는 알코올 중독이 부모 세대만이 아니라 장차 태어날 자식 세대에까지 악영향을 미친다는 점에서 그것을 우생학이 대처해야 하는 문제로 본다. 그러나 검증 가능한 것만을 신뢰하는 철저한 과학의 신봉자 피어슨은 우생학이 아직 정립되지도 않은 상태에서 대중적 선전에 몰두하는 것은 아무런 도움도 되지 않는다며 살리비가 중심이 되었던 우생교육협회의 활동을 폄하했다. 우생학 연구소의 소장 피어슨은 신생 과학인 우생학이 학계에서 시민권을 얻는 데 방해가 된다는 이유로 우생교육협회에 참가하지도 않았다.[172]

피어슨은 1910년에 우생학 연구소가 주관한 알코올 중독의 가계 조사를 통해 부모의 알코올 중독과 자녀의 건강 사이에는 어떠한 유의미한 상관관계도 없다고 결론 내렸다. 또한 부모의 획득 형질인 알코올 중독이 차세대 자녀의 지능, 체격, 체질에 어떠한 영향도 주지 않음에도 불구하고 증명할 수 없는 관련에 집착하는 살리비를 '비과학적'이라고 비판했다. 피어슨의 이러한 연구 결과는 알코올 중독 문제에 대처하기 위해 금주 운동을 벌여온 살리비를 적잖게 실망시켰고, 이에 살리비는 양육의 요소를 인정하지 않는 피어슨의 연구는 골턴의 기부금을 무의미하게 낭비하는 것이라고 반발했다.[173]

살리비의 양육 중시 입장은 당시 여론을 들끓게 했던 유아 사망률에 관한 논의에서도 분명하게 나타난다. 20세기 초 제국주의 국가 간의 경쟁이 심해지자, 높은 유아 사망률은 정치의 주요 쟁점으로 부상했다. 어린이는 부모에 속하는 존재일 뿐 아니라 공동체에 속하는 '국가의 재산'이며 '제국의 미래'를 담당하는 '내일의 시민'이라 불렸다. 유아 사망률이 높은 상황은 모성에 대한 담론을 재편하는 결과를 낳았다. 유아의 생명이 귀중해진 상황에서 모성 담론은 하층 계급 여성과 중간 계급 여성을 동시에 공격했다.[174]

18세기 후반의 모성 담론이 유모에게 자녀를 방치한 채 사교 모임에 열중하는 중상류층 여성들에게 양육의 책임감을 일깨우는 것이었다면,[175] 우생학과 맞물린 20세기 초의 모성 담론은 한편으로는 하층 계급 여성들을, 또 한편으로는 중간 계급 여성들을 공격했다. 하층 계급 여성들에게는 모성애를 발휘하지 못한다거나 무지로 인해 올바른 양육을 하지 못한다는 비난이 가해졌다. 높은 유아 사망률의 일차적 책임을 일하는 어머니들에게 떠넘겨, 하층 노동 계급 여성들은 모성애라고는 조금도 없어 보인다고 비난한 것이다. 국가의 적극적 개입을 통해 노동 계급 여성들에게 모성애를 심어주고 과학적이고 올바른 육아법을 가르쳐야 한다는 것이 공중 보건의, 의사, 우생주의자를 비롯한 모성주의자들의 공통된 주장이었다.[176]

중간 계급 여성들에게는 낮은 출산율에 대해 책임을 물었다. 1870년대 이래 보급되기 시작한 산아 제한을 실시하고 있는 중간 계급 여성들은 종의 미래에 대한 책임을 저버리는 이기적이고 자기중심적인 존재라는 비난이 쏟아졌다. 이에 대항해 산아 제한 운동가들은 잘 기르기 위해서는 적게 낳아 건강하게 길러야 하며, 공동체를 위해 바람직한 차세대를 낳기 위해서는 우생학적 선택을 해야 한다는 논리를 내세웠다.[177]

1899년 보어 전쟁 발발을 전후로 전개된 '퇴화' 논쟁 역시 모성 담론을 강화하는 계기가 되었다. 군 입대 지원자의 상당수가 신체검사에서 불합격 판정을 받았다는 충격적인 신병 모집 감독관의 보고서가 논란을 불러일으켰다. 군 복무를 할 수 없을 만큼 '허약한 국민의 신체'는 제국의 존망에 대한 위협이었으며 영국민의 건강, 특히 병사를 공급하는 하층 계급의 건강이 심각한 위험에 처해 있다는 불안이 확산되었다. 정부는 1903년 가을에 '육체적 퇴화에 관한 조사위원회Interdepartmental Committee on Physical Deterioration'를 구성해 실태를 조사했고 그 결과 취학 아동에 대한 건강 검진과 무료 급식이 의무화되었다. 결국 출산율 감소 현상과 퇴화론의 유행은 살리비류의 우생학적 모성 담론이 유행할 수 있는 배경으로 작용했다.

유아 사망률에 대한 인식에서 살리비는 강경파 우생주의자들과는 다른 견해를 보였다. 출산율의 저하 경향이 뚜렷해지면서 유아의 생명은 더욱 귀중해졌으며 높은 유아 사망률은 초미의 관심사가 되었다. 유아 사망률을 낮추기 위한 모자 복지 정책의 도입을 정부에 촉구하는 민간단체들의 운동이 활발하게 전개되었고 '내셔널 베이비 위크' 행사와 같은 이벤트에는 우생교육협회도 참여했다.

강경파 우생주의자는 높은 유아 사망률은 자연 선택의 법칙이 잘 작용하고 있다는 증거이며 자연의 '자정(自淨) 작용'을 반영한 것이기 때문에 인위적으로 개입할 필요가 없다고 했지만 살리비는 이러한 견해를 비판한다. 살리비에 따르면 이미 태어난 자를 놓고 '바람직한 자'와 '바람직하지 못한 자'를 선별하는 것은 도덕적으로 부당하다. '진정한 우생학'은 산아 제한의 지식을 이용해 건강하지 못한 아이가 태어나지 않게 하는 것에 관심을 가져야 하지 어떠한 이유에서도 이미 태어난 아이의 목숨을 구하지 않고 죽음에 이르도록 방치해서는 안 된다는 것이다.[178] 여기서 살리비는 우생학적 선택의 구분선을 '적격자'와 '부적격자' 사이가 아니라 '이미 태어난 자 the born'와 '아직 태어나지 않은 자the unborn' 사이에 설정함으로써 우생학과 복지 정책이 조화될 수 있는 논리적 근거를 제시했다.

또한 살리비는 유아 사망률을 낮추기 위한 다양한 노력과 우생학적 실천이 상호 보완적이라는 점을 강조한다. 생식 세포가 더럽혀진 부모가 자녀를 낳지 않도록 통제하는 동시에 부모의 생식 세포를 '인종의 독'으로부터 지키려는 노력을 수반하지 않는다면 통계상의 유아 사망률이 낮아진다고 해도 인종의 질적 향상은 기대할 수 없기 때문이라는 것이다.[179]

살리비의 논의는 모성론에만 국한되지 않는다. 우생교육협회 내에서 진보적인 그룹에 속하는 그는 여성의 자립과 해방이 올바른 성 선택을 고무한다는 이유에서 여성 참정권을 지지했다. 여성 교육의 확대, 여성의 정치 참여, 모성 수당의 도입, 산아 제한, 이혼법 개정 등 여성의 지위 개선과 관련되는 여러 개혁에 대해 살리비는 누구보다도 적극적으로 나서서 지지했다.

예를 들어 살리비는 1906년에 설립된 압력 단체 '이혼법 개정 동맹Divorce Law Reform Union'에 참여해 작가 아서 코난 도일Arthur Conan Doyle, 철학자 버트런드 러셀Bertrand Russell 등과 함께 활동했다. 살리비는 결혼 제도가 안정되고 부모가 자녀 양육에 책임을 다할 수 있으려면, 1910년에 구성된 '이혼과 혼인 사건에 관한 왕립 위원회Royal Commission on Divorce and Matrimonial Causes'의 권고에 따라 간통 이외에 유기, 학대, 정신병, 상습적 음주, 성병 등으로 이혼 허용 사유를 확대해야 한다고 보았다. 이혼 허용 사유의 확대가 결혼 제도를 동요시킬 것이라는 주장에 대해 살리비는 이혼이 쉬워지면 재판 별거와 중혼 상태가 청산되어 오히려 결혼 제도의 안정성이 향상된다고 반박했다.[180]

이혼 제도 개혁에는 상층 노동 계급 여성들의 단체인 '여성 협동조합 길드', 온건파 여성 참정권 운동 단체인 '여성참정권 협회 전국동맹' 등 많은 여성 단체들이 지지를 보냈다. 이혼법 개정을 통해, 가정이라는 사적 영역에서 이루어지는 가부장제의 억압에 대한 도전이 가능할 수 있기 때문이었다. 살리비 역시 이혼법 개정이 여성을 위한 개혁이라는 점을 다음과 같이 지적하고 있다. "알코올 중독에 빠진 남편으로부터 아내를 보호하는 것은 여성 참정권과 마찬가지로 근본적이며 시급한 개혁이다. 아버지가 되기에 적합하지 않은 남편으로부터 아내를 해방시키는 것은 여성 개인에게 이익이 될 뿐 아니라 '종의 미래'를 위한 길이기 때문이다."[181]

그러나 여성의 권리를 옹호하는 데 적극적이었다고는 하지만 살리비는 여성의 자아실현과 공적 영역으로의 진출이 결혼과 모성의 실현을 대신하는 선택이 될 수 있다고는 생각하지 않았다. 여성에게 참정권이 주어져도 투표권 행사와 정치 참여는 자녀가 성장할 때까지 기다려야 한다[182]는 언급은 살리비의 '우생학적 페미니즘'의 한계를 드러낸다. 살리비가 여성 참정권에 찬성한 것은 여성이 참정권을 획득하면 결혼 및 이혼 제도를 여성에게 유리한 방향으로 개혁할 수 있고 그렇게 되면 성병이나 알코올 중독의 치료와 예방이라는 예방적 우생학의 실천이 쉬워진다는 논리에서였다.

살리비의 우생학은 우생교육협회에서 활동한 시빌 네빌 롤프를 비롯한 주요 여성 회원들에게 커다란 영향력을 행사했다. 우생교육협회의 여성들 역시 계급을 선별하지 않고 모든 어머니와 자녀에게 복지 혜택을 확대하는 것이 궁극적으로는 우생학적으로 유리하게 작용한다고 보았다. 이는 출산과 육아를 돕는 모자 복지 서비스에 접근할 수 있는 기회를 균등하게 부여함으로써 하층 계급 중에서 '건강하고 우수한 부분'을 '건져 올리려는' 시도였다. 긍정적 우생학의 적용 범위를 넓히려는 살리비의 양육 중시론의 흐름은 줄리언 헉슬리와 블래커로 대표되는 전간기의 개량 우생학 노선으로 이어졌다.

골턴의 우생학은 유전에서 여성의 역할을 긍정했지만 여성의 유전적 기여도를 남성보다 낮게 평가했으며, 피어슨은 페미니스트를 자처했지만 국민 국가의 요구에 부응하는 모성의 실천을 강요하는 그의 논리는 결국은 여성의 몸을 건강한 차세대 생산을 위한 도구로 간주하고 만다는 한계를 드러냈다. 또한 피어슨과 살리비가 여성 참정권에 찬성한 것은 여성이 참정권을 획득하면 현명한 성 선택을 통해 적격자의 생식을 보장하게 되며 예방적 우생학의 실천이 쉬워진다는 차원에서였다. 피어슨과 살리비는 결코 여성의 자아실현을 우생학적 가치보다 우위에 두지 않았으며, 양육의 일차적 책임을 여성에게 전가함으로써 남녀의 성차에 따른 역할 구분론에서 벗어나지 못했다.

그러나 우생학은 연애와 결혼이 한순간의 감정에 치우쳐서는 안 되며, 차세대의 미래를 위해서는 낭만적이고 열정적인 연애 감정을 다소 희생하고 책임감을 발휘해야 한다고 가르쳤다. 우생학은 자유연애가 방종으로 흐르지 않도록 제어 장치를 제공할 수 있는 유력한 논리였다. 신여성에 대해 통념과 도덕을 무시한 일탈을 서슴지 않는다는 부정적인 시각이 존재하는 상황에서 자유연애와 여성의 선택이 종의 미래를 위해 중요하다는 우생학의 논리는 신여성에게 하나의 도피처를 제공해줄 수 있었다. '개인적인 것은 정치적인 것'이며, 사적 영역과 공적 영역이 이분될 수 없는 것이라면, 연애와 결혼이라는 사적 영역을 국가의 요구라는 공적 영역에 연결시켜주는 우생학 논리는 여성의 공적 영역 진출을 위한 이데올로기가 될 수 있었다.

출산과 육아를 사회에 대한 공헌, '종'을 위한 공헌이라고 찬양하는 모성주의적 우생학은 여성의 존재 가치에 대한 적극적인 평가가 될 수 있지만, 동시에 여성을 모성의 역할에 가두어 버리는 것이어서 양날의 칼인 셈이었다. 생물학적 성별 분업 론에서 벗어나지 못하는 우생학의 논리로는 기존의 전통과 관습에 도전하는 데 명백한 한계가 있었다. 그러나 '섹스는 종의 미래가 결정되는 장'이라고 보는 우생학은 섹슈얼리티에 대한 새로운 태도로서 사적 영역을 공론의 장으로 끌어들였다. 부부의 침실은 종의 미래를 좌우하는 신성한 전당이 되었으며, 낙태를 연상시켰던 산아 제한의 어두운 이미지는 우생학 덕분에 밝은 이미지로 전환될 수 있었다.

2. '죄 없는 매독을 없애자'—성병의 관리와 우생학

(1) '죄 없는 매독'과 우생학

성병 문제는 페미니스트의 정치 전략에서 중심 테마 중의 하나였다. 페미니스트들이 성병 문제와 처음 조우한 것은 1869년부터 20여 년 동안 전개된 '성병 방지법Contagious Disease Acts' 철폐 운동을 통해서였다. 크림 전쟁[183]으로 인해 성병이 만연하자 영국 정부는 1864년과 1866년, 1869년에 일련의 성병 방지법을 도입한다고 발표했다. 성병 방지법은 칼라하, 포츠머스, 코크 등 군대 주둔 지역이나 군항에서는 매매춘을 공인하고, 매춘부로 간주되는 여성들에 대해 강제로 성병 검진을 실시한다는 내용을 골자로 했다. 성(性)을 사는 남성 측에는 아무런 책임을 묻지 않고 성을 파는 여성만을 잠재적인 성병 감염원으로 간주하는 이 법은 남성에게 관대하고 여성에게 엄격한 빅토리아 시대의 '성의 이중 기준'을 노골적으로 드러내는 것이었다. 그러자 여성을 불리한 지위에 묶어두는 성의 이중 규범에 대한 공격으로서 사회 운동가 조세핀 버틀러 Josephine Butler를 중심으로 성병 방지법 철폐 운동이 전개되었고, 결국 성병 방지법은 1883년에 정지되고 1886년에 폐지되었다.[184] 이 철폐 운동이 성공하자 영국에서는 국가에 의한 매매춘 관리 제도, 즉 공창제를 도입하려는 움직임도 실패로 돌아갔다.

성병은 '신여성 소설'에서 픽션의 형태로 다뤄지기도 했다. 1893년에 발표된 사라 그랜드Sarah Grand의 소설《신성한 쌍생아*The Heavenly Twins*》는 타락한 남성과 결혼해 선천성 매독아를 낳은 여성의 비극을 그렸다. 같은 마을에 사는 두 주인공 에디스와 에바드니는 각각 '구(舊)여성'과 '신(新)여성'을 대표하는 인물이다. 물리학, 생리학, 해부학, 의학 등을 공부하고 존 스튜어트 밀John Stuart Mill의 저작을 애독하던 에바드니는 육군 소위인 조지의 구혼을 받아들이지만 약혼자의 방탕한 과거가 발각되자 단호하게 결혼을 거부한다. 에바드니가 부도덕한 남성과의 결혼을 거부함으로써 성의 이중 규범에 과감하게 저항하는 여성으로 그려진 반면, 에디스는 남성의 부도덕이나 성적 타락의 존재조차 알지 못하는 순진무구한 여성으로 그려진다. 종교와 신비주의에 심취한 에디스는 방탕한 해군 장교 모즐리의 얼굴에 매독 환자의 징후가 나타나고 있음에도 이를 알아차리지 못하고 구혼을 받아들인다.

그 결과 결혼 후 에디스는 부스럼투성이인 기형아를 낳고 정신병에 걸려 괴로워하다가 죽음을 맞이한다. '가정의 천사' 형 여성 에디스의 희생을 통해 사라 그랜드는 남성의 성적 타락을 고발하고 '성의 이중 기준'을 일원화해야 한다고 역설했던 것이다.[185]

사라 그랜드의 소설에서처럼 당시의 페미니스트들은 남성의 죄악이 자식을 통해 드러나는 상징적인 증거로서 특히 매독을 지목해 공격했다. 매독의 신체적·정신적 악영향 중에서도 최악은 다음 세대에까지 전달된다는 것이었다. 19세기에 선천성 매독은 '죄 없는 매독innocent syphilis'이라고 불리며 후천성 매독보다 한층 더 비극적이고 파괴적인 결과를 낳는다고 여겨졌다. '원숭이', '작은 노인', '작게 시든 허약하고 병적인 생물체'로 묘사된 선천성 매독아는 타락한 남성이 가정에 끌어들이는 재앙의 상징이었다.

신생아의 매독 감염은 정확히 말하면 유전이 아니라 임신 중의 태내 감염에 의한 것이지만 태어날 때부터 매독에 걸려 있었다는 의미에서 흔히 '유전적'이라고 불렸다. 19세기의 유전 개념이 획득 형질의 유전을 배제하지 않는 것이었다는 점을 고려하면 이런 오해도 무리는 아니었다. 아버지의 매독이 어머니의 감염을 통하지 않고 태아에게 직접 전달된다는 관념은 1910년대에 나온 의학 교과서에서도 자주 기술되었다.[186] 감염된 매체로부터 질병이 옮는 '수평적 전달horizontal transmission'과 부모로부터 자식에게 형질이나 질병이 전해지는 '수직적 전달vertical transmission'은 엄연히 구별되는 현상이지

만, 임상 현장에서는 혼동되기 쉬웠다.[187]

1890년대 이후 영국에서 출산율이 크게 감소하기 시작하자 결혼과 출산이라는 사적 영역이 국가 차원의 문제로 대두되었다. 원래 출산은 공동체 성원의 충원이라는 면에서 사적 영역에 속하면서도 공적 성격을 띠는 문제이지만 출산율 감소 경향이 뚜렷해지면서 출산의 국가적 의미가 극적으로 강조되었다. 출산율 저하와 출산의 사회적 성격 강화는 우생학의 생식 관리 담론이 작동할 수 있는 조건을 만들어주었다. 우생주의자가 국가의 미래를 짊어질 차세대의 건강을 위협하는 매독을 '인종의 독'으로 지목해 성병의 위험성을 부각함으로써 섹슈얼리티를 통제하고 인구의 질을 향상시키고자 했다면, 페미니스트는 성병 문제를 남성 부도덕에 대한 규탄과 여성 권리 주장의 기회로 삼고자 했다.

페미니스트들은 매독에 대한 공포감을 증폭시키고 남성의 악덕을 과장함으로써 여성이 자신의 몸을 보호할 권리와 약혼자에게 건강에 아무런 이상이 없다는 증거를 요구할 권리를 획득하는 계기로 삼고자 했다. 과격파 참정권 운동가 크리스타벨 팽크허스트Cristabel Pankhurst는 1913년에 쓴 〈커다란 재앙과 이를 근절하는 방법The Great Scourge and How to End It〉이라는 팸플릿에서 "여성에게 참정권을, 남성에게 정절을!Votes for Women and Chastity for Men!"이라는 유명한 슬로건을 내걸었다. 팽크허스트는 당시 성인 남성의 80퍼센트가 임질에 걸려 있으며 상당수의 남성이 매독으로 신음하고 있다고 단언하고 '육체적·정신적·도덕적 퇴화'를 초래하는 남성의 성 습관을 바꾸어야 한다고 역설했다.[188] 물론 팽크허스트가 폭로한 성병 실태는 남성의 악덕을 공격한다는 전략적 목적을 위해 상당히 과장된 수치였을 것이다.

당시 의사들은 결혼을 앞둔 젊은 여성의 부모에게 딸의 약혼자가 성병에 걸리지 않았는지를 은밀히 알아보아야 한다고 조언했다.[189] 이러한 조언을 통해, 중상류층에서는 성병이 결혼을 파탄에 이르게 하는 원인이 되지 않도록 세심하게 주의를 기울이고 있었음을 알 수 있다. 그럼에도 상류층 가정에 침투한 성병은 이혼의 원인을 제공하기도 했다. 배우자에 의한 성병 감염은 법률상 '학대cruelty'에 해당해 재판 별거나 이혼 소송을 제기할 수 있는 사유가 되었다. 빅토리아 시대의 가장 '선정적인' 이혼 재판으로 세간의 이목을 끌었던 1886년의 캠벨Campbell 이혼 사건과 1870년의 모던트Mordaunt 이혼 사건은 둘 다 성병과 관련되어 있었다.

캠벨 사건은 남편 캠벨 경에게 성병을 옮긴 아내가 학대를 사유로 들어 재판 별거와 이혼을 요구한 소송이다. 결혼 전에 매독에 걸린 남편은 아내에게 병을 옮길 것을 우려해 결혼 후에도 당분간 침대를 함께 쓰지 않았으나 완치되었다고 여긴 후 합방을 했고 그러자마자 아내가 감염된 것이었다. 모던트 사건은 당시 황태자였던 후일의 에드워드 7세가 피고인 모던트 부인 측의 증인으로 법정에 출두해 화제가 된 사건이다. 원래 재판의 주된 쟁점은 '정신병insanity'을 이혼 사유로 인정할 것인가의 여부였지만 이혼 소송까지 이르게 된 배후에는 성병이 있었다. 간통을 저지른 모던트 부인은 애인 중의 한 사람이 성병에 걸렸다고 고백하자 태어난 지 얼마 안 된 자식의 건강을 염려한 나머지 정신 이상에 빠졌다. 이로 인해 아내가 저지른 부정의 전말을 알게 된 남편은 이혼 소송을 제기했던 것이다.[190]

성병은 우생주의자에게는 인종의 독이었고 페미니스트에게는 성의 이중 규범을 공격하는 데 좋은 재료였으며 이혼 사유가 되기도 했다. 그렇다면 당시 영국의 성병 감염 실태는 어떠했으며 위생 당국은 어떠한 대책을 강구하고 있었을까? 성병 환자는 은폐되는 경우가 많기 때문에 환자의 수와 실태를 정확하게 파악하기란 매우 어려웠다. 병원 기록은 부정확하며 구빈법 보고서에도 빈민 중 성병 환자가 따로 구분되어 있지 않기 때문에 발병률의 정확한 통계를 입수하는 것은 불가능에 가깝다. 불완전하게나마 추정을 해보면, 당시 런던 인구의 약 10퍼센트가 매독 환자였고 임질 환자는 이를 상회했으며 여성보다 남성 환자의 수가 많았다는 정도로 파악할 수 있다.[191]

19세기의 성병 환자 치료에는 '병은 죄악에서 유래한다'는 빅토리아 시대의 질병관이 분명하게 드러나 있었다.[192] 즉 성병을 '죄 있는 감염'과 '죄 없는 감염'으로 구분하려는 도덕적 관점이 작용했다. 몇몇 성병 전문 병원Lock Hospital을 제외하면 대부분의 병원이 성병 환자에게 적은 수의 침대만을 할당했고 그것도 '죄 없는 감염'의 경우에만 침대를 내주었다. 자선 병원voluntary hospital에서는 성병 환자의 치료를 거부하는 경우도 많았다. 전체적으로 보면 병원이나 개업의에게 치료를 받는 성병 환자는 소수였으며 나머지는 무면허 의사나

약장수에게 의존하는 상황이었다. 빈부의 격차나 계층의 고저를 막론하고 성병 환자는 사기성 광고나 수상한 약초에 매달리다가 치료의 적기를 놓쳐 돌이킬 수 없는 지경에 이르는 경우가 많았다.[193)

1880년대부터는 의학적·인도주의적인 관심에서 성병의 실태에 대한 정부 차원의 조사를 요구하는 여론의 목소리가 높아지기 시작했다. 그러나 정부는 외설스럽고 귀찮은 문제에는 관여하지 않는다는 소극적 태도로 일관해, 성병은 감소하고 있으며 도덕적이고 종교적인 방법에 의해 얼마든지 대처할 수 있다는 변명을 반복했다. 망설이는 정부를 설득하기 위해 성병 방지를 호소하는 압력 단체가 전면에 내세운 것이 바로 '죄 없는 감염'을 방지하자는 명분이었다. 1899년에는 매춘부 구제 사업에 종사하는 96명의 여성과 52명의 의료 전문가가 성병 실태에 대한 정부 조사를 요구하는 의견서를 상원의원 솔즈베리Robert Arthur Talbot Gascoyne-Cecil Salisbury에게 제출했다. 이를 계기로 왕립 위원회를 설치해 정부 조사를 시작할 것을 요구하는 운동이 시작되었다. 1913년에 런던에서 열린 '국제의학회의International Medical Congress'에서 왕립 위원회 설치를 요구하는 결의안이 채택된 것에 힘입어 조사를 요구하는 여론은 한층 더 높아졌다. 1913년 6월 하순에는《모닝 포스트》지가 의료 전문가 등 저명 인사 38명의 서명과 함께 성병 실태 조사를 호소하는 논설을 게재한 후 여러 신문에 성병 문제에 대한 정부 조사를 요구하는 기사가 실렸다. 이러한 여론의 요구에 밀려 정부는 1913년 11월에 왕립

위원회를 임명했다.[194]

1913년에는 '살바르산'이라는 특효약이 개발되어 매독 치료에 희망이 보이기 시작했다. 1910년에 독일의 의학자 파울 에를리히Paul Ehrlich와 일본의 하타 사하치로(秦佐八郞)가 공동으로 개발한 살바르산은 1940년에 새로운 특효약 페니실린이 개발될 때까지 널리 사용되었다. 페니실린의 효과에는 미치지 못했지만 매독 치료약이 비교적 빠른 시기에 발명된 것은 매독에 대한 우생주의자의 태도에 영향을 주었다. 우생학에서 인종의 독이라고 경계한 질병으로는 성병 이외에 결핵과 알코올 중독이 있었다. 그런데 결핵이나 알코올 중독에 비해 성병은 특효약이 발명되면서 획기적인 치료 성과를 거둘 수 있게 되었고 예방 대책 또한 강구하기 쉬워졌다. 결핵의 경우 일찍이 1882년에 로베르트 코흐Robert Koch가 결핵의 병원균을 발견했지만 오랫동안 획기적인 치료법이 발견되지 않았다. 결핵의 특효약이 개발된 것은 1940년대가 되어서였고 그 이전의 결핵 치료는 식사 요법이나 요양 같은 간접적인 방법에 의지할 수밖에 없었다. 이에 비하면 성병은 특효약이 존재하고 개인의 성 의식 및 위생 관념의 교정을 통해 예방책을 마련하기 쉬웠기 때문에 치료의 노력이 결실을 맺을 가능성이 높았다. 이러한 사정은 성병 퇴치에 임하는 우생협회 및 사회 위생 관련 압력 단체들에게 강한 동기를 제공했다.

1913년 11월부터 성병 실태에 대한 조사 활동을 개시한 왕립 위원회는 1916년에 최종 보고서를 냈다. 왕립 위원회의 권고는 1916년에 기존의 공중위생법상의 지방 행정청 조례로서, 또 1917년에는 공중위생법의 성병 조항 신설로 실현되었다. 권고의 주요 내용은 전국 규모의 성병 치료 체제를 정비하는 것으로, 성병 전문의에 의한 무료 치료가 법률로 정해지고 환자의 비밀 유지가 의무화되었다. 또한 정부는 1914년에 설립된 자발적 단체 '성병퇴치 전국협의회'의 활동을 지원하는 것을 통해 성병을 예방하려 했다. 이후 성병퇴치 전국협의회는 보건부 공인 단체로서 정부가 필요성을 인정하는 성병 예방 교육을 담당하게 되었다.[195]

성병의 치료 상황은 왕립 위원회를 기점으로 크게 개선되었다. 1916년에 성병에 관한 왕립 위원회의 권고가 나온 후 각 병원에는 성병 치료를 전문으로 하는 특별 무료 진료소가 설치되어 임질이나 매독의 치료율이 상승하기 시작했다. 매독은 이제 더 이상 치료가 불가능한 병이 아니었다. 제1차 세계대전이 끝난 후에도 염려했던 성병의 폭발적인 증가는 일어나지 않았고 무료 진료소 시스템이 효과를 발휘하기 시작해 성병 발병률은 꾸준히 감소했다.

(2) 시빌 네빌 롤프의 '새로운 도덕' 우생학

성병은 유전성 질환은 아니지만 정신 박약, 정신병, 시각 및 청각 장애, 불임 등으로 진행되기 쉽다는 이유로 우생주의자들에게 관심의 표적이 되었다. 우생교육협회는 성병 방지 활동을 목적으로 설립된 단체는 아니었지만 1911년경 성병 퇴치에 주력하는 산하 단체를 별도로 설치하고 이를 지원하기로 결정했다. 따라서 우생교육협회의 산하 단체로 설립된 '성병퇴치 전국협의회'에서 활약한 인물과 우생교육협회 회원은 상당수가 겹친다. 1913년에 성병 실태 조사를 위한 왕립 위원회가 임명되자 우생교육협회의 서기 시빌 네빌 롤프와 회원 더글러스 화이트Douglas White가 중심이 되어 성병퇴치 전국협의회를 발족하기 위한 준비에 착수했다. 이 새로운 조직은 런던 킹스웨이에 있는 우생교육협회 사무실에서 최초의 예비 위원회를 열었으며 1916년 6월에 창립과 동시에 왕립의학협회 내에 사무실을 마련했다. 성병퇴치 전국협의회에는 왕립위원회 위원이 거의 대부분 참가했고 네빌 롤프가 초대 서기를 맡았다.[196]

시빌 네빌 롤프는 1910년대 이후 영국의 성병 방지 운동을 주도한 인물로 우생학의 열렬한 신봉자였다. 대대로 해군에 복무했고 자선 활동에도 열심이었던 버니Burney 가문에서 1886년에 태어난 그녀는 1905년에 19세의 나이로 해군 대위 아서 고토Arthur Gotto와 결혼했지만 반년도 안 되어 선박 사고로 남편을 잃었다. 그녀는 젊은 미망인으로서 매춘과 성병을 없애는 일에 평생을 바치기로 결심하고 처음에는 교회나 자선 단체가 운영하는 피난소에서 '타락한 자매들'을 돌보는 구제 사업을 하며 경험을 쌓았다. 그녀는 매춘부 구제 활동을 하면서 자신의 무지와 과학적인 성 지식의 결여를 통감했으며 골턴의 우생학을 접하고 비로소 매춘 및 성병 문제에 대처하는 '새로운 도덕'에 눈뜨게 되었다고 고백한 바 있다.[197]

1907년 우생교육협회 설립에서도 주도적인 역할을 한 그녀는 1913년부터 성병퇴치 전국협의회에 참여해, 1925년에

이 조직이 '영국 사회위생협의회'로 개칭한 후에도 1944년까지 서기를 담당했다. 또한 1917년부터는 '미혼모 및 혼외자 보호를 위한 전국협의회National Council for the Unmarried Mother and Her Child'에서 활약했다. 네빌 롤프는 1917년 10월, 미혼모 보호와 발생 방지, 혼외자의 양자 결연, 혼외자를 차별하는 법률의 개정을 요구할 목적으로 결성된 이 단체의 예비 위원회 회장을 맡았고 1918년부터는 부회장으로 일했다.[198]

우생학의 논리를 철저하게 따른다면 일부일처제 결혼은 '보다 좋은 생식'에 방해가 될 가능성을 내포한다. 일부일처제는 우수한 자질을 가진 개인이 가능한 한 많은 자손을 남기게 한다는 우생학적 전략에 걸림돌이 되는 것이다. 우생학 이론상 결혼 제도의 밖에서 태어난 자녀라고 하더라도 건강하고 우수하다면 '인종'의 미래를 위해 유익한 존재가 된다. 따라서 우생교육협회의 서기로서 우생학 운동과 성병 방지 운동에 열심이던 네빌 롤프가 혼외자 보호와 법적 지위 향상을 목표로 하는 단체에서 활동했다는 사실은 우생학과 결혼 제도 및 섹슈얼리티의 관계를 살펴보는 데 있어 중요한 의미를 갖는다.

그러나 미혼모와 혼외자가 연상시키는 급진적 성 해방의 이미지를 네빌 롤프와 미혼모 및 혼외자 보호를 위한 전국협의회에 기대하는 것은 성급하다. 네빌 롤프는 1925년에 《우생학 평론》에 기고한 글에서 스웨덴의 모성주의 페미니스트 엘렌 케위Ellen Key를 언급하며 일부일처제 결혼이 자녀 양육에 가장 적합한 제도로서 진화해온 것이라고 논했기 때문이다.[199]

혼외자 보호를 위한 네빌 롤프의 활동은 여성의 성적 자유와 해방을 위한 것이 아니라 자녀의 출산과 양육에 적합한 일부일처제 결혼 제도를 명실상부한 형태로 만들려는 노력의 일환으로 보아야 할 것이다.

미혼모 및 혼외자 보호를 위한 전국협의회의 주된 활동을 보아도 이러한 성격은 잘 드러난다. 이 단체의 활동은 혼외자의 아버지를 결정하는 법률적 수속의 간편화, 부모의 사후적 결혼에 의한 혼외자의 적자화(嫡子化), 보호책으로서 양자 제도의 법제화, 미혼모로부터 혼외자에게 재산 상속이 가능하도록 하는 상속법 개정 등에 주력했으나 이보다 더 중시된 이념은 미혼모와 혼외자의 예방이었다. 혼외자를 낳은 남녀 모두에게 부모로서의 책임 의식을 환기시켜 또 다른 혼외자의 출생을 방지하고, 미혼모의 재교육을 통해 도덕심을 높여 혼외자 출생 재발을 방지해야 한다는 점이 강조되었다.[200] 하지만 미혼모 및 혼외자 보호를 위한 전국협의회는 자선 단체로서의 평판은 그리 좋지 못했다. 이 단체는 보수적인 사람들에게는 결혼 제도의 안정성을 뒤흔드는 위협으로 비쳤고, 자유분방한 젊은이들로부터는 남아도는 시간을 주체하지 못해 소일거리로 공연한 참견을 하는 중상류층 '레이디들'의 단체라는 냉소적인 눈총을 받았다.[201]

우생학적 관점에서 보면 비록 혼외자일지라도 건강한 아이가 태어났다는 것은 두 남녀가 '적격자'라는 증명이 될 수 있다. 네빌 롤프가 혼외자의 보호 활동에 관심을 보인 것도 건강한 아이를 낳은 적격자끼리의 사후적인 결혼을 통해 혼외자를 결혼 제도의 내부로 포섭해 법의 보호를 받을 수 있도록 하기 위해서였다. 혼외자 문제가 내포하는 여성 섹슈얼리티의 해방, 기존 가족 제도의 재평가 및 재구성이라는 급진적인 이미지는 영국의 우생학의 경우에는 들어맞지 않는다. 이는 미혼모 문제를 기성의 도덕이나 관습적인 성도덕의 위선을 폭로하는 계기로 삼았던 독일의 '모성보호동맹Bund für Mutterschutz'의 관점과는 대조적인 것이었다.[202]

(3) '영국 사회위생협의회'와 선천성 매독아

양차 대전 사이의 시기에는 성병 발병률이 감소하고 빅토리아 시대의 성 관념은 서서히 낡은 유물이 되어가고 있었다. 성병을 둘러싼 이러한 변화는 산아 제한 운동가이자 우생주의자인 마리 스톱스 앞으로 도착한 상담 편지를 통해서도 확인할 수 있다. 1918년에서 1928년 사이에 스톱스가 받은 산아 제한이나 성적 문제, 불임 수술 등에 관해 조언을 구하는 수백 통의 편지 중에서는 매독이나 임질에 관해 상담하는 내용은 찾아보기 힘들었다고 한다.[203]

매매춘의 실태도 크게 바뀌어 직업적인 매춘부는 수가 줄어들고 각지로 흩어지게 되었다. 직업적인 매춘이 감소하는 대신 젊은이들의 자유연애와 혼전 성교가 증가했다. 매매춘이 줄어든 대신 성의 규범이 느슨해짐에 따라 '엉덩이가 가벼운 여자 친구'가 성병의 새로운 감염원으로 간주되는 경향도 생겨났다.[204] 네빌 롤프도 "오늘날의 성적 혼란은 매매춘만의 문제가 아니다. 상업적·직업적 매춘은 분명 감소하고 있다. 오히려 혼전 성교나 혼외 성교를 자유분방한 개성의 표현으로서 정당화하는 사회 풍조야말로 문제의 본질"[205]이라고 지적했다.

성병에 대한 인식이 차츰 바뀌어가고 있었다고는 하지만 질병과 도덕을 연결하는 빅토리아 시대의 가치관은 여전히 건재했다. 성병 예방법prophylaxis에 관한 논쟁이 그 예이다. 1913년에 성병 예방법이 논란의 대상이 되었을 때 성병퇴치 전국협의회는 예방법의 공인을 허용하지 않는 입장에 섰다. '메치니코프 처방Metchnikoff's Formula', '콘디액Condy's Fluid' 등으로 불린 성병 예방약은 위험한 성교를 한 후에 개인이 간단하게 사용할 수 있는 일종의 자가 소독제로 원래는 군대에서 사용되던 것인데, 이 예방법을 일반인들에게도 보급할 것인가를 놓고 논쟁이 벌어졌다.

성병퇴치 전국협의회는 예방약의 조기 치료 효과는 인정하지만 예방약의 사용이 성적 타락을 조장할 수 있다는 이유로 사용에 반대했다. 예방법의 확산이 성적 부도덕을 초래할 것이라고 우려하는 논의 속에는 성병에 대해 도덕적 낙인을 찍으려는 태도가 아직 강하게 남아 있었다. 논쟁 과정에서 자가 소독법을 확산시키는 것을 목적으로 하는 별도의 성병 방지 운동 단체 '성병예방 전국협회National Society for the Prevention of Venereal Diseases'가 새롭게 발족했지만 보건부 공인 단체인 성병퇴치 전국협의회의 특권적 지위에 도전하는 데는 실패했다.[206]

그러나 제1차 세계대전이 끝나자 성병퇴치 전국 협의회

의 견해도 상당히 완화되었다. 예방법을 둘러싼 논쟁도 끝나 1921년에 성병퇴치 전국 협의회는 광고를 통해 자가 소독법 정보를 일반인에게 무차별적으로 유포하는 데는 반대하지만 의사의 자가 소독법 처방이나 의학 학교의 예방법 교육에는 반대하지 않는다는 입장을 표명했다.[207] 왕립 위원회의 권고에 따라 설치된 무료 진료소가 효과를 발휘해 자발적으로 검사에 응하는 사람들의 수가 증가하면서 성병의 발병률도 감소했다. 성병 진료소가 순기능을 발휘하기 시작하자 성병과 관련된 차별적 인식도 점차 완화되어갔다.

1925년에 성병퇴치 전국 협의회가 개칭한 조직인 '영국사회위생협의회'는 성병에 대한 엷어져가는 도덕적 낙인을 제거해 선천성 매독아의 출생을 예방하는 것에 주안점을 두고 활동했다. 도덕적 낙인이 없어진다면 남편에게 감염된 여성 환자가 수치심 때문에 치료를 받지 못하는 경우가 줄어들 것이라고 생각했던 것이다. 이런 활동을 통해, 성병 감염은 유행성 독감에 걸리는 것과 다를 바 없으며 한순간의 실수로 부도덕한 행위를 범했다고 하더라도 병에 걸린 사실 자체를 부끄럽게 여겨서는 안 된다는 관용적인 태도가 확산되고 있었다. 영국 사회위생협의회는 의사에 대해서도 도덕의 수호자를 자처하는 위선적 태도를 버리고 공정하고 객관적인 태도로 치료에 임할 것을 요구했다.[208]

영국 사회위생협의회의 기관지《건강과 제국*Health and Empire*》의 지면에는 찰스 다윈의 넷째 아들 레너드 다윈, 정신과 의사 블래커 등 우생협회에서 활동한 주요 우생주의자들의 글이 자주 게재되었다. 또한 영국 사회위생협의회는 1932년 8월에 뉴욕에서 열린 제3회 국제 우생학 대회에서 선천성 매독아의 출생 예방을 위한 성병 진료소 운영과 건강 교육의 중요성을 선전하는 전시를 했다.[209]

이렇듯 영국 사회위생협의회가 선천성 매독아의 문제에 집착했다는 사실은 우생학이 이 단체의 활동을 지탱하는 원리였음을 보여준다. 선천성 매독은 이제 남성의 악덕을 공격하는 재료가 아니라 차세대 '인구의 질'에 치명적인 영향을 미치는 우생학적 문제로 재구성되었다. 영국 사회위생협의회는 감소해가는 성병을 퇴치하기 위해 마지막 일격을 가해야 한다고 주장했다. 느슨하고 자유로워진 개인의 성 행동을 인정하고 성병이 신생아에게 감염되는 것을 막기 위한 노력에 집중해야 한다는 것이었다. 특히 매독의 경우는 정확한 치료법이 존재하며 게다가 그 효과도 이미 증명된 바 있기 때문에 출생 전 진료소의 활동을 강화하는 것은 우생학적으로 유의미한 일이었다.

선천성 매독의 발생 빈도에 대해서 정확한 통계를 잡아내기는 쉽지 않다. 우생학을 지지하는 공중 보건의, 산부인과의, 성병 전문의 등은 선천성 매독아의 발생률을 높게 추정하는 반면, 아동 자선 병원Hospital for Sick Children 관계자들은 이를 낮게 추정하는 등 관계자 각자의 입장에 따라 상당한 차이가 존재했다. 이런 다양한 자료를 바탕으로 평균을 내보면 연간 출생하는 선천성 매독아의 수는 7,000명에서 10,000명 정도였다고 추정할 수 있다.[210]

이전에는 매독에 걸린 여성이 임신하면 사산되기를 바랄 수밖에 없었지만 이 시기가 되면 효과적인 치료가 가능해진다. 임신 중에 매독 치료를 받은 여성은 연간 16,000명 정도로 추산되었다. 선천성 성병의 예방과 치료에 모자 복지 센터와 출생 전 진료소가 일정한 효과를 내고 있었던 것이다. 예를 들어 런던 베터 시 지구의 한 성병 진료소가 정리한 보고서에 따르면 임산부의 성병 치료율은 매우 높았다고 한다. 1926년에 이 진료소에서 매독 검사를 받은 임산부는 658명으로 이 중 10명이 매독으로 판정되었다. 매독에 걸린 10명의 여성 중 9명이 치료를 마친 후 건강한 아이를 낳았다고 한다. 동일한 여성들이 치료를 받기 전의 임신에서는 전부 합쳐 25회의 임신 중 절반 이상이 유산이나 사산, 출생 직후 신생아 사망 등으로 끝났던 것에 비하면 이 결과는 괄목할 만한 것이라고 보고서는 평가했다.[211]

1918년에 제정된 '모자 복지법Maternal and Child Welfare Act'에 의해 지방 당국이 설치한 모자 복지 센터와 출생 전 진료소는 여성들 사이에서 매우 평판이 좋은 복지 서비스 중의 하나였다. 1928년에는 출생 전 진료소에서 서비스를 받은 여성의 수가 전체 여성 인구의 약 40퍼센트에 달했고 1937년에는 약 50퍼센트로 증가했다. 1932년의 정부 보고서에 따르면 1931년 당시 영국에는 지방 당국이 운영하는 출생 전 진료소가 995개, 자발적 단체가 운영하는 진료소가 198개 존재했다. 정부 운영과 민간 운영을 합치면 출생 전 진료소가 1,193개에 달하는 셈이었다.[212]

우생주의자들은 이미 일정한 효과를 올리고 있던 출생 전 진료소 시스템을 보다 합리화하고 강화해야 한다고 주장했다. 예를 들어 1922년에 스완지에서는 출생 전 진료소와 성병 진료소를 통합해 운영했는데 그 결과 만족할 만한 치료 효과를 얻은 것으로 보고되었다. 출생 전후 진료소, 모자 복지 센터, 성병 진료소를 같은 장소에 설치하면 환자의 비밀을 지키는 데 도움이 되며 신생아나 아동에게서 병이 발견되었을 때 신속하게 대응할 수 있다는 이점도 있었다.[213] 또한 모자 복지 센터에 다니는 임산부 전원에게 매독 검사를 의무화하려는 움직임도 있었다. 1925년에 카디프의 한 출생 전 진료소에서는 모든 임산부를 대상으로 매독 혈액 검사를 의무화했다는 보고가 있었다. 이에 따라 증상이 없는 잠복기의 매독을 발견하기 위해서 모자 복지 센터에서 임산부를 대상으로 매독 혈청 검사를 실시해야 마땅하다는 주장도 제기되었다.[214]

우생주의자들이 선천성 매독의 퇴치를 우생학적 문제로 인식한 것은 매독이 정신 박약, 정신병, 시각 및 청각 장애, 불임 등을 유발한다고 여겼기 때문이다. 예를 들어 태아의 뇌에 매독 균이 침입해 뇌의 발달을 정지시켜 정신 박약을 일으키는 경우를 들 수 있다. 우생주의자들은 정신 박약의 문제에 대처할 때 정신 박약자의 결혼과 생식 제한에만 주의를 기울여서는 미흡하며 매독과 같은 후천적 요인도 고려해야 한다고 강조했다.[215] 생명이 탄생의 순간부터가 아니라 수태의 순간부터 시작된다고 한다면, 태아에게 있어서 외부 환경을 구성하는 모체를 매독 감염으로부터 보호하는 것은 환경 요인을 배제하지 않는 '예방적 우생학'이 대처해야 할 중요한 과제가 되는 것이다. 선천성 매독아 출생의 예방은 복지 비용의 절약과 직결된다. 선천성 매독으로 유발되는 장애가 발생한 후 그 관리에 드는 비용을 생각하면 출생 전 진료소의 시스템을 잘 활용해 선천성 장애아의 출생을 예방하는 편이 훨씬 비용이 적게 든다는 것이다. 우생학은 복지 자원의 분배를 둘러싼 이러한 냉혹한 계산 위에 성립된 논리였으며 성병 예방에 주력한 단체 영국 사회위생협의회가 성병에 대처하는 논리 역시 예방의학 및 우생학과 동일한 전제를 공유하고 있었다.

3. '결혼에 건강 진단서는 필수'—결혼 전 건강 진단 프로그램

우생교육협회가 활동의 일부를 성병 방지와 성교육에 할애한 것을 보면 영국의 우생주의자들이 '성의 관리'라는 목표를 의식적으로 실천하고 있었음을 알 수 있다. 우생주의자들은 성을 '생의 진실facts of life'과 같은 우회적인 표현으로 숨길 것이 아니라 '올바른 성'과 '나쁜 성'을 구별하고 그 위에서 과학적 분석과 교육의 대상으로 삼아야 한다고 주장했다. 과학적 지식에 근거한 '성과 생식의 관리'야말로 우생주의자의 목표였다.

빅토리아 시대인들, 특히 여성들에게 성교육이란 무엇보다도 결혼에 따르는 위험한 함정에 빠지지 않기 위해 필요한 것으로 인식되었다. 전술한《신성한 쌍생아》의 작가 사라 그랜드는 1894년에《뉴 리뷰*New Review*》지에 실린 성교육에 관한 지상 포럼에서 젊은 여성에게 성교육을 베푸는 것은 나이든 여성들이 해야 할 중요한 의무라고 주장한 바 있다. 또 여성 작가 시슬리 해밀턴은 1909년에 쓴《직업으로서의 결혼 *Marriage as a Trade*》에서 "결혼이 직업이자 거래라면, 우리 여성들은 이에 따르는 위험에 대해서 미리 숙지하지 않으면 안 된다"[216]고 했다. 제1차 세계대전 이전의 성교육에 관한 논의는 주로 성병의 위험으로부터 몸을 지키는 것에 한정되어 있었다고 할 수 있다. 남녀 간의 성적 쾌락의 향유와 결혼 생활의 행복을 위해서 성교육이나 피임 지식이 필수적이라는 주장이 공공연하게 대두된 것은 1918년에 마리 스톱스의《부부애*Married Love*》가 출판된 뒤부터였다. 그리고 부부간의 에로틱한 사랑이 '보다 좋은 생식better breeding'으로 연결된다는 생각이 확산된 것은 1920년대 이후이다.

성교육의 주체를 둘러싼 논의에서는 가정 내에서 어머니가 성교육을 담당해야 한다는 견해와 전문가가 학교 교육을 통해 실시해야 한다는 견해가 대립했다.[217] 우생교육협회는 가정 내 성교육의 담당자로서 어머니의 역할을 기대하면서도 대체로 후자의 입장에 섰다. 전문적이고 과학적인 성교육 지식을 학교 교육에 도입하기 위해서는 교실에서 생물학이나 유전학을 가르쳐야 하고 그렇게 되면 자연스럽게 우생학의 원리가 학교 교육을 통해 퍼져 나갈 것이라고 보았다. 성병 방지법 철폐 운동의 경험에서 알 수 있듯이 강제적인 규제는 성병 방지책으로서는 아무런 효과도 없다는 것이었다. 억압적인 법률은 매매춘을 눈에 띄지 않는 곳으로 숨어들게 할 뿐이며 이렇게 되면 성병의 통제는 더욱 어려워지고, 따라서 시간이 다소 걸리더라도 효과적인 성병 치료 체제를 정비하고 개인의 위생 관념 및 성 관념을 계몽하는 성교육이 필요하다는 것이었다. 우생교육협회는 공장이나 군대에서도 성교육을 실시해야 마땅하지만 특히 학교에서 청소년을 대상으로 성교육을 실시하는 것이 가장 근본적인 성병 방지 대책이 된다고 보았다.[218]

1918년에 우생교육협회는 교육국의 요청을 받아 만 14세 이상의 청소년을 대상으로 학교에서 성교육을 실시하는 방안에 대해 협회의 의견을 정리했다. 같은 해 교육국에 보낸 의견서에서 우생교육협회는 성 위생에 관한 올바른 지식을 젊은이에게 교육해야 마땅하다는 원칙을 재확인한 후 성교육의 주체는 반드시 전문적인 교육을 받은 교사여야 한다고 강조했다.[219] 한편 성교육 문제에 대한 정부의 태도는 매우 소극적이었다. 1929년에 취학 아동의 건강 상태에 관한 연례 보고서에서 지방 행정청 공중 보건청장 조지 뉴먼George Newman이 불만을 토로했듯이 1920년대와 1930년대에 영국 정부는 성교육의 커리큘럼을 학교 교육에 도입하는 데 대해 찬반 의견을 분명히 하지 않았다. 정부가 성교육의 필요성을 인정하는 입장을 공식적으로 표명한 것은 1943년에 나온 교육국 팸플릿 제119호 〈학교 및 청년 조직에서의 성교육Sex Education on Schools and Youth Organisations〉을 통해서였다. 그러나 이 팸플릿의 내용도 현 단계에서 성교육의 구체적 방법을 지시하는 것이 아니라, 각지의 학교 감독관이 보고한 것을 정리한 다음 학교나 교원 양성 학교, 자발적 민간단체에서 현재 행해지고 있는 노력을 지원하겠다는 의견을 표명한 것에 불과했다.[220]

1930년대에 우생협회는 성교육을 보건 교육으로 확대해나갈 것을 주장하는 한편 건강 관리를 의무화하려는 계획을 수립한다. 결혼 전 건강 진단 계획이 그것이다. 결혼 전 건강 진단을 의무화하려는 움직임은 우생교육협회의 활동 초기부터 있어왔지만 그것을 법제화하려는 계획은 1930년대부터 본격적으로 시작되었다. 1933년에 우생협회는 '결혼 전 건강 진단 계획안'을 작성하기 위한 소위원회를 설치해 예비 조사를 시작했다.[221]

결혼 전에 건강 진단을 받게 하자는 대원칙에 대해서는 대체로 의견이 일치했지만, 구체적인 계획에서는 내부적으로 여러 의견이 대립했다. 결혼 전 진단을 강제할 것인가 아니면 자발적인 의지에 맡길 것인가, 증명서의 발행과 교환을 의무화할 것인가 아니면 자유의사에 맡길 것인가 같은 문제가 있었다. 또한 증명서의 내용 항목에 무엇을 포함시킬 것인가에 대해서도 의견이 달랐다. 성병으로 한정할 것인가, 한센병이나 결핵 같은 감염성 질병까지 포함할 것인가, 가계에 전해지는 유전성 질병이 개인에게 발병한 경우로 한정할 것인가 아니면 악성 유전자의 잠재적 보유자까지 포함할 것인가 등이 논의되었다.[222]

우생협회의 계획안이 아직 확정되지 않은 상태에서 상원

에 법안이 상정됨으로써 결혼 전 건강 진단 계획은 새로운 국면을 맞이했다. 결혼 전 건강 진단 법안은 상원의원 킬메인 Kilmaine의 동의로 1934년 11월 14일 상원에서 토론에 상정되었다. 제안자 킬메인은 1934년 11월 17일의 상원 연설에서 결혼법을 개정해 결혼을 앞둔 남녀 쌍방의 의료 검진을 의무화하자고 주장했다.[223] 이 제안은 자발적 검사가 아닌 강제적 검사를 의무화하자는 내용이었다. 이 제안에 따르면 증명서에는 권위 있는 의료 전문가가 서명해야 했으며 검사료를 최소한의 비용으로 정해 검진을 받기 쉽게 해야 했다. 검사 결과 발급되는 증명서는 다음과 같은 4개의 등급으로 구분했다.

· 증명서 A: 모든 검사를 통과한 완벽한 '적격자'.
· 증명서 B: 건강상에 약간의 문제가 있어 결혼을 3개월에서 6개월 정도 연기하는 편이 좋은 경우. 특히 매독의 경우 잠복기가 있기 때문에 이 규정은 중요하다.
· 증명서 C: 결혼 당사자에게는 위험이 없지만 태어날 자녀에게 문제가 있을 것으로 예상되기 때문에 자녀를 낳지 않는 결혼이 바람직한 경우.
· 증명서 D: 결혼을 전면 금지해야 하는 경우.[224]

킬메인은 강제적 검사에 대한 여론의 저항을 고려해 모든 항목에 대해 강제 검사가 필요한 것은 아니며 성병이 의심되는 경우를 제외하고는 개인의 건강 상태나 가족의 병력에 관한 일반적인 질문에 대답하는 것만으로 충분할 것이라고 덧

붙였다.

그러나 토론에서 그의 제안은 심한 반대에 부딪쳤다. 우선 캔터베리 대주교는 "어떻게 일개 개업의에게 'A'부터 'D'까지의 판정을 맡길 수가 있는 것인가"라고 반발했다. 게이지Gage 자작은 "충분한 증거와 의료계의 지지가 없으면 이 법안은 매우 위험한 것이 될 것이다. 킬메인 경의 문제의식에는 공감하지만 여론의 추이를 조심스레 지켜볼 필요가 있다"라고 했다. 상원에서의 토론은 킬메인이 동의를 철회하는 짧은 연설을 한 후 마무리되었다.[225]

상원의 토론을 주시하던 우생협회는 1935년경 다음과 같이 '결혼 전 건강 진단 계획'의 최종안을 정리했다. 우선 결혼 전 건강 진단은 생명 보험에 들기 전에 보험 회사가 요구하는 건강 진단과 유사한 것으로, 배우자의 건강이나 장차 태어날 2세의 건강 등 결혼에 관련된 불안을 없애는 방법이 될 수 있다. 다만 개인의 사생활을 침해할지 모른다는 여론의 반감을 고려해 어디까지나 자발적 검사를 권장한다. 독일이나 터키에서는 결혼 전 진단이 법률로 의무화되어 있지만 오히려 병력을 은폐하는 역효과를 낳았다. 따라서 강제적 검사보다는 자발적인 검사의 효과가 높을 것으로 생각된다는 등의 내용이었다. 계획안은 신청자의 가족사 및 가족의 병력을 조사하는 항목, 신청자 개인의 병력을 조사하는 항목, 담당 의사가 신청자의 건강 상태에 관한 의견을 기입하는 항목의 세 부분으로 나뉘어 있었다. 우생협회는 가정의가 이 건강 진단 양식을 희망자에게 사용할 것을 권고했지만 가계에 유전병 환자가 있는 경우

일반 의사가 유전 상담을 할 수 없기 때문에 우생협회가 상담에 응하는 체제를 마련했다.[226]

그러나 결혼 전 건강 진단 계획안에 대한 언론의 반응은 다소 냉담했다. "건강한 결혼을 위해서는 로맨틱한 유혹을 다소 희생하지 않으면 안 된다는 점에서 우생주의자의 의견에 공감한다"[227]는 호의적인 기사도 있었으나, 의사들에 의해 결혼 가능 여부가 결정된다는 것에 대해서는 뿌리 깊은 저항감이 존재했으며 실질적으로 효과를 거둘지 의심스럽다는 반응이 많았다. 예를 들어 1936년 2월 7일자 《타임스》지는 다음과 같이 평가했다.

결혼 전에 자발적인 건강 진단을 받게 하는 것이 우생협회의 목적이라고 한다. 이 계획은 다른 유럽 국가들에서 실시되고 있는 강제적인 결혼 증명서와는 전혀 성격이 다른 것이다. 그러나 자발성을 보장할 수 없으며 그 내용도 심신의 건강과 성적인 문제에 관한 질문의 리스트에 지나지 않는다.[228]

공중 보건의 단체의 기관지 《공중 보건의 Medical Officer》는 다음과 같은 비난조의 기사를 실었다.

매우 공들여 마련한 치밀한 계획이지만 조금만 검토해보면 곧 난문에 부딪친다는 것을 알 수 있다. 이런 검사가 실시되면 우리는 모두 결혼할 수 없는 '부적격자'라는 결론에 도달할지도 모른다. 그렇다면 무슨 소용이 있는 것일까. 지나치게 자세한 이 계획안

은 결국 건강한 사람들까지 고민에 빠뜨리고 괜한 걱정을 안겨줄 것이다.[228]

이 기사는 결혼 전 건강 진단이 '아직 태어나지 않은 자녀'에 대해서 부부가 막연하게 안고 있는 불안감을 파고들어 불안을 부추긴다는 점을 정확하게 비판하고 있다. 우생학은 아직 오지 않은 미래에 대한 불안감의 표현이었다.

그런데 대표적인 우생 입법인 단종법과 결혼 전 건강 진단 의무화는 어떻게 관련되어 있었을까. 1933년에 나치의 단종법인 '유전병 자손 예방법'이 제정되고 뒤이어 1935년 10월에 '혼인 건강법'으로 결혼 전 건강 검진이 의무화된 독일의 예에서 알 수 있듯이 우생 단종법의 제정과 건강 검진의 의무화는 상호 보완적인 관계에 있었다. 영국에서 단종법 제정이 실패한 것은 결혼 전 건강 진단의 법제화 실패에도 영향을 주었다. 1930년대에 단종법 제정과 결혼 전 건강 진단 법제화가 실패로 돌아간 후, 우생협회는 1953년에 다시 한번 의원 개인 법안의 형태로 건강 진단 의무화 법안을 하원에 제출했으나 결국 성공을 거두지 못했다.[230]

그러나 결혼 전 건강 진단 계획을 단종법과 같은 '부정적 우생학'의 일환으로 규정하지 않고 시각을 달리해 결혼 제도에의 개입을 통한 섹슈얼리티 관리라는 관점에서 보면 다른 해석이 가능할 것이다. 우생협회의 결혼 전 건강 진단 계획은 '부적격자'의 결혼과 생식을 제한하는 데 목적이 있다기보다는 오히려 건전한 일부일처제 결혼을 유지하고 권장하는 데 목적이 있었다. 즉 부정적 우생학의 대상을 찾아내어 결혼을 금지하는 데 목적이 있다기보다는 성교육과 건강 진단, 유전 상담, 결혼 상담 등을 통해 보다 폭넓은 계층의 결혼과 생식이 우생학의 원리에 입각해 영위되도록 통제하는 데 목적이 있었다고 할 수 있다.

결혼 전 건강 진단 계획의 법제화가 실패한 후에도 우생협회는 결혼 상담이나 지도라는 형태로 결혼 제도에 대해 지속적으로 관심을 보였다. 우생협회는 결혼 생활에 따르는 여러 문제에 대한 상담 지도를 목적으로 1938년에 설립된 자발적 단체 '결혼상담협의회Marriage Guidance Council'와 지속적으로 교류했으며 재정적으로도 이 단체를 원조했다. 결혼상담협의회의 강연이나 상담 활동에서는 결혼과 가족에 대한 우생학적인 관심이 강조되었고 우생협회 측은 그것이 대중에게 우생학을 선전하는 좋은 기회가 될 것으로 기대했다.[231]

1943년에는 당시 우생협회의 회장이던 호더 경이 결혼상담협의회의 설립자 에드워드 그리피스Edward F. Griffith와 함께 결혼상담협의회의 공동 회장이 되었다.[232] 온건한 성과학자이자 우생학 신봉자인 그리피스는 영국 사회위생협의회에서도 활동했다. 그리피스는 영국 사회위생협의회 안에 '결혼지도 소위원회'를 설치했는데 이 소위원회는 1930년대에 영국 사회위생협의회가 발족시킨 체육, 레크리에이션, 건강 등의 문제를 다루는 몇 개의 소위원회 중의 하나로, 신혼 부부나 약혼한 커플에게 피임 수단을 지도하는 것을 포함한 성교육 프로그램을 실시했다. 1937년 12월에는 성교육 프로그램의 일환으로 그리피스의 강연이 기획되어 런던의 해머스미스와 베터 시 지구의 결혼을 앞둔 남녀 약 320쌍에게 초대장이 발상되었다.[233]

20세기 초 모자 복지 분야에서는 자발적 단체가 어떤 필요성을 호소하고 정부가 점차 그 요구를 수용해 복지 서비스 체제를 정비하는 식으로 복지 제도의 토대가 마련되었다. 그러나 성과 결혼, 생식과 같은 문제는 국가가 간섭해서는 안 되는 사적 영역이라는 개인주의적 가치관이 여전히 강하게 존재했기 때문에 단종법 제정이나 결혼 전 건강 진단의 법제화는 실패했으며 결혼상담협의회의 활동도 그다지 성공을 거두지 못했다. 자발적 단체나 국가 권력의 노골적인 간섭에 대해서는 거부감이 적지 않았지만 전간기의 성 의식은 양성 모두에게서 합리적인 성도덕이 내면화되어가는 방향으로 변화하고 있었다. 1920년대부터 산아 제한 운동이 활발하게 전개되면서 남성의 성 행동을 일방적으로 비판하는 태도는 누그러지고 양성의 조화와 행복 추구가 중시되었으며 '적게 낳아 잘 기르는' 합리적 생식에 대한 관심이 높아졌다.

스톱스의 《부부애》와 《현명한 부모》 같은 책들이 바로 새로운 성 의식을 다룬 대표적인 결혼 생활 지침서였다. 스톱스에 따르면, 결혼한 남녀는 성적 쾌락이 주는 행복을 당연한 권리로서 추구해야 하며 부부는 서로를 성애의 대상으로 삼아 '결혼한 연인'이 되어야 한다. 결혼 관계 속에서 성적 쾌락이 만족되지 않으면 혼외의 음란한 행위가 증가해 그 결과 성병, 혼외자 출생 등 사회악이 증가한다. 스톱스는 결혼 생활에서 차

세대의 건강을 고려하는 우생학적 배려가 이루어져야 한다는 조언도 잊지 않았다.[240] 스톱스를 비롯한 우생주의자들은 성교육과 산아 제한을 통해 결혼 관계 속에서 연애 관계를 만들어 부부간의 사랑에 근거한 건전하고 안전한 생식을 하는 것이 우생학적으로 유리한 선택으로 귀결된다고 보았다.

결국 우생협회를 중심으로 한 영국의 우생학 운동은 기존의 결혼 제도를 동요시키는 것이 아니라 안정시키는 방향으로 섹슈얼리티를 관리하고자 했다. '긍정적 우생학'의 실천으로서 무제한적 자유연애를 인정해 '우수한' 혼외자를 낳는 것도, '부정적 우생학'의 실천으로서 단종법같이 '열등한 자'의 생식을 제한하는 법률을 만드는 것도 환경론의 영향이 강했던 영국 사회에서는 받아들여지지 않았다. 우생협회의 활동은 성병의 예방과 치료를 통해 차세대 인구의 '질'을 향상시키고 성교육과 결혼 상담을 통해 결혼한 부부 사이에 행해지는 보다 좋은 생식을 위한 합리적인 선택으로서 우생학의 원리를 내면화하려는 시도였다고 할 것이다.

1895년에 영국에서 출판된 여성 작가 메니 뮤리엘 도위Me-
nie Muriel Dowie[235]의 소설《갈리아*Gallia*》에는 우생학의 원
리에 따라 배우자를 선택하는 여성의 모습이 묘사되어 있다.
주인공 갈리아에게 사랑과 모성은 다른 것이었다. 갈리아는
옥스퍼드 대학 교수인 에식스를 사랑하지만 그가 유전성 심장
질환을 앓고 있었기 때문에 사랑하지는 않지만 건강한 신체를
가진 마크를 결혼 상대자로 선택한다. 갈리아는 마크에게 이
렇게 말한다. "건강과 활력이 넘치며 강하고 남자다운 당신이
야말로 내 아이의 아버지가 되길 바란다."[236]

우생학을 신봉하는 여성인 갈리아는 '종의 개량'에 어울리
는 상대를 선택하는 것에 대한 자부심과 의무감에 차 있다. 이
렇듯 결혼과 출산에서 여성의 영리한 선택을 강조하는 우생학
은 여성들의 관심을 끌었다. 앞에서 살펴본 바와 같이 우생협
회의 회원은 약 40퍼센트가 여성이었으며 시빌 네빌 롤프, 코
라 허드슨 등 여성들의 활약이 협회를 지탱했다. 영국의 우생
학 운동은 우생협회를 주도한 여성들의 활약에 힘입어 가족
수당이나 산아 제한, 성병 방지 등의 개혁에 개입할 수 있었
다. 모성주의 페미니즘과 결합함으로써 우생학은 양육의 요
소를 한층 더 확대할 수도 있었다. 이런 환경 중시론의 팽창은
한편으로는 유전 결정론이라는 우생학의 논리를 무디게 했지
만 다른 한편으로는 일반 대중이 우생학을 받아들이기 쉽게

만들었다.

영국에서는 우생 단종법 제정에 실패했지만 1930년대에 우생협회를 중심으로 자발적 단종법 제정을 위한 운동이 조직적으로 이루어졌다. 노동당 여성부, 여성 협동조합 길드, 평등시민권협회 전국동맹 등 당시의 주요 여성 단체들은 단종법 제정을 지지했다. 우생협회는 단종법 제정을 위한 선전 활동에서 단종의 문제를 산아 제한과 함께 제시함으로써, 피임 지식의 보급을 원하는 여성들로부터 지지를 얻을 수 있었다. 그런데 여성 단체들이 단종법 제정을 지지했던 것은 우생협회의 선전과 산아 제한에 대한 관심 때문만이 아니라 당시 모성주의 페미니즘의 한계에도 책임이 있었다. 에바 후백과 같은 모성주의 페미니스트는 '재생산에 있어서의 자기 결정권 reproductive self-determination'을 '부정적 우생학'에 기대어 주장했다. 오늘날의 관점에서 보면 생식은 원한다면 누구나 향유할 수 있는 기본적 인권의 일부로 인식되지만 1930년대에는 '재생산 권리reproductive rights'라는 개념은 확립되어 있지 않았다. 따라서 단종법 제정 운동에서 볼 수 있듯이 장애인의 생식의 권리를 부정하는 것 위에서 여성이 산아 제한 수단을 이용할 권리, 임신 중절을 선택할 권리의 주장이 이루어졌던 것이다.

단종법 제정에는 실패했지만 교육과 계몽에 호소하는 방법을 중시하는 영국의 우생학 운동은 이혼법 개정이나 성병의 관리, 결혼 전 건강 진단 계획 등을 통해 결혼 제도에 개입했다. 영국의 우생학 운동의 역사를 돌이켜보면 현재의 '자유방임주의 우생학'과 같은 현상을 발견할 수 있다. 1970년대에 들어오며 양수 검사 기술의 발달로 태아의 장애에 대한 진단, 태아의 선택적 중절이 가능해졌다. 우생학의 현장은 '열등한 인자'를 지닌 부모에 대한 '불임 수술'에서 장애를 가진 태아에 대한 '선택적 중절'로 옮아왔다. 1990년대 이후 체세포의 유전자 치료 기술이 시작되고 수정란을 대상으로 하는 유전자 치료가 가능해진 가운데 '맞춤 아기designer baby'의 등장도 기술적으로 불가능하지 않은 시대가 되었다.

종래의 우생학이 국가가 국민의 결혼과 출산에 개입하는 방식으로 이루어졌다면 오늘날의 우생학은 개인의 자발적 의지에 맡겨진다. 그러나 '강제'가 아니라 '자발'이라고 해서 문제가 없는 것은 아니다. 출산 전 검사를 통한 선택적 중절은 결국 '생명의 질'을 선별하는 결과를 가져온다. 우생학을 받아들일 수 없는 핵심적인 이유는 우생학의 논리가 '생명의 평등한 가치'를 부정한다는 데 있다. '태어난 능력, 성별, 인종에 관계없이 평등한 추상적 개인'은 프랑스 혁명 이후 근대 계몽사상이 낳은 결코 포기할 수 없는 성과 중의 하나다. 우생학이나 인종주의, 성차별주의는 개인의 구체적인 '차이'를 '차별'로 만들어버리기 때문에 비판받는 것이다. 우생학은 역사의 한 페이지를 장식하는 과거의 사건이 아니라 지금도 살아 있는 지극히 현대적인 문제이다. 우생학이 제기하는 인간의 평등과 생명의 본질에 대한 윤리적 난문을 풀어가는 것이 우리에게 주어진 과제일 것이다.

1) 우생교육협회는 1926년에 우생협회Eugenics Society로 개칭한다.

2) Francis Galton, *Inquiries into Human Faculty and Its Development* (London: Dent and Sons, 1908), 17쪽.

3) 퇴화론에 대해서는 염운옥, 〈1899년에서 1906년까지 영국의 인종퇴화론에 대한 연구—우생학과의 관련을 중심으로〉, 《사총》 46집 (1998), 367~411쪽 참조.

4) Arnold White, "The Cult of Infirmity", *National Review* 34 (1899), 239쪽.

5) Francis Galton, "The Relative Supplies from Town and Country Families to the Population of Future Generation", *Inquiries into Human Faculty and Its Development* (London: Dent & Sons, 1908), 241~245쪽.

6) Gareth Stedman Jones, *Outcast London: A Study in the Relationship between Classes in Victorian Society* (Hammondsworth: Penguin, 1976), 151쪽.

7) Max Nordau, *Degeneration* (1895; Lincoln: University of Nebraska Press, 1993), 166·353쪽.

8) William Greenslade, *Degeneration, Culture and the Novel 1880~1940* (Cambridge: Cambridge University Press, 1994), 32쪽.

9) Caleb Williams Saleeby, "The Essential Factor of Progress", *Monthly Review*, vol. 23(1906), 52쪽.

10) Charles Darwin, *Origin of Species* (Oxford: Oxford University press, 1966), 396쪽. 원문은 "have been, and are being evolved"로, 현재 완료형과 진행형으로 서술되어 있다.

11) Charles Darwin, *Origin of Species*, 394쪽.

12) Alvar Ellegard, *Darwin and the General Reader: The Reception of Darwin's Theory of Evolution in the British Periodical Press 1859~1871*, 2nd ed.(Chicago: University of Chicago Press, 1990), 332~337쪽.

13) Stephen Jay Gould, *Ever Since Darwin*(New York: Penguin Books, 1973). 스티븐 제이 굴드, 《다윈 이후》, 홍동선·홍욱희 옮김(사이언스북스, 2009), 25쪽.

14) Francis Galton, "Hereditary Talent and Character", *Macmillan's Magazine*, no. 12(1865), 160쪽.

15) Francis Galton, "Hereditary Talent and Character", 166쪽.

16) Charles Darwin, *Descent of Man and Selection in Relation to Sex*, vol. 1(London: John Murray, 1871), 168쪽.

17) John C. Green, "Darwin as a Social Evolutionist", *Journal of the History of Biology*, vol. 10(1977), 10쪽.

18) Charles Darwin, "Letter to Francis Galton(1873년 1월 4일)". Peter J. Bowler, *Charles Darwin: The Man and His Influence* (Cambridge: Cambridge University Press, 1990), 200쪽에서 재인용.

19) Charles Darwin, *Descent of Man and Selection in Relation to Sex*, 168~169쪽.

20) Charles Darwin, *Descent of Man and Selection in Relation to Sex*, 220쪽.

21) Alfred Russel Wallace, "The Limits of Natural Selection as Applied to Man"(1870), *Natural Selection and Tropical Nature* (London: Macmillan, 1895), 187~188쪽.

22) Alfred Russel Wallace, "Human Selection", *Fortnightly Review* 48(1890), 328쪽.

23) Ruth Schwartz Cowan, "Nature and Nurture: The Interplay of Biology and Politics in the Work of Francis Galton", *Studies in History of Biology*, no. 1(1977), 164~165쪽.

24) D. W. Forrest, *Francis Galton: The Life and Work of a Victorian Genius*(New York: Tapplinger, 1974), 89·202쪽.

25) Francis Galton, *Hereditary Genius*(London: Macmillan, 1869), 30쪽.

26) Francis Galton, "The Possible Improvement of the Human Breed, under the Existing Conditions of Law and Sentiment", *Essays in Eugenics*(London: Eugenics Education Society, 1909), 5~9쪽.

27) N. G. Annan, "The Intellectual Aristocracy", *Studies in Social History: A Tribute to G. M. Trevelyan, ed. P. H. Plumb*(London: Longman, 1955), 248쪽. 1822년생인 골턴의 가문은 대대로 철포 제조업으로 재산을 모은 버밍엄의 부호로 아버지인 새뮤얼 테리투스 골턴 Samuel Tertius Galton은 은행업에 종사했다. 어머니는 찰스 다윈의 조부인 이래즈머스 다윈Erasmus Darwin의 딸 바이올레타 다윈Violetta Darwin으로 찰스 다윈과 골턴은 사촌간이다. 골턴은 1852년 명문 사립학교 할로의 교장을 지낸 버틀러의 딸 루이자 버틀러Louisa Butler와 결혼했다. Daniel Jo Kevles, *In the Name of Eugenics: Genetics and the Uses of Human Heredity*(New York: Knopf, 1985), 5~7쪽.

28) Donald MacKenzie, *Statistics in Britain 1865~1930: The Social Construction of Scientific Knowledge*(Edinburgh: Edinburgh University Press, 1981), 508쪽.

29) Francis Galton, *Memories of My Life*(London: Methuen, 1909), 310쪽.

30) Francis Galton, *Hereditary Genius*, 37~49쪽.

31) 장 바티스트 라마르크Jean Baptiste Lamarck가 주장한 학설로서 획득 형질이 유전된다는, 즉 학습된 경험의 유전을 통해 종이 환경의 변화에 적응한다는 내용이다.

32) Ruth Schwartz Cowan, "Nature and Nurture: The Interplay of Biology and Politics in the Work of Francis Galton", 136~139쪽.

33) Ruth Schwartz Cowan, "Nature and Nurture: The Interplay of

Biology and Politics in the Work of Francis Galton", 173~175쪽.

34) Francis Galton, *Memories of My Life*(London: Methuen, 1909), 321쪽.

35) Francis Galton, "Eugenics: Its Definition, Scope and Aims", *Sociological Papers*, vol. 1(1904), 45쪽.

36) Francis Galton, "The Possible Improvement of the Human Breed, under the Existing Conditions of Law and Sentiment", 663쪽.

37) Karl Pearson, "Letter to Francis Galton(1907년 6월 20일)". Daniel Jo Kevles, *In the Name of Eugenics: Genetics and the Uses of Human Heredity*(New York: Knopf, 1985), 57쪽에서 재인용.

38) V. Welby, "Discussion", *Sociological Papers*, vol. 1(1904), 76쪽.

39) Richard A. Soloway, *Demography and Degeneration: Eugenics and the Declining Birthrate in Twentieth-Century Britain*(Chapel Hill: University of North Carolina Press, 1990), 6쪽.

40) Anna Davin, "Imperialism and Motherhood", *History Workshop Journal* 5(1978), 9~10쪽.

41) Charles Kingsley, "The Massacre of the Innocents", address given at the first public meeting of the Ladies' Sanitary Asso-ciation for the Diffusion of Sanitary Knowledge(1858). Anna Davin, "Imperialism and Motherhood", 10쪽에서 재인용.

42) G. F. Shee, "The Deterioration in the National Physique", *The Nineteenth Century and After* 53(1903), 805쪽.

43) Richard A. Soloway, *Demography and Degeneration: Eugenics and the Declining Birthrate in Twentieth-century Britain*, 7쪽.

44) Karl Pearson, "Reproductive Selection", *The Chances of Death and Other Studies in Evolution*, vol. 1(London: Arnold, 1897), 78~80쪽.

45) Karl Pearson, "Reproductive Selection", 80·97~99쪽.

46) 페이비언 사회주의란 페이비언협회가 중심이 된 영국 사회주의

의 한 노선을 말한다. 1884년 창립된 페이비언협회는 지식인 중심의 단체로서 점진적 개량과 의회주의를 통한 사회주의의 도입을 지향했다.

47) G. R. Searle, *The Quest for National Efficiency: A Study in British Politics and Political Thought, 1899~1914*(Oxford: Blackwell, 1971), 12~16쪽.

48) Karl Pearson, "Reproductive Selection", 97~99쪽.

49) Donald MacKenzie, "Karl Pearson and the Professional Middle Class", *Annals of Science*, vol. 36(1979), 142쪽.

50) Sidney Webb, "Physical Degeneracy or Race suicide I", *The Times*(1906년 10월 11일).

51) Sidney Webb, "Physical Degeneracy or Race Suicide I".

52)브래들로·베전트 재판이란 1877년 3월 찰스 브래들로Charles Bradlaugh와 애니 베전트Annie Besant가 피임 지식을 설명한 외설스러운 책을 판매했다는 혐의로 체포되어 같은 해 6월 재판을 받은 사건을 말한다. 재판은 산아 제한에 대한 사회의 관심을 환기하는 계기가 되었다. 브래들로·베전트 재판과 신맬서스주의에 대해서는 다음 논문을 참조. 이성숙, 〈산아 제한과 페미니즘—애니 베상트 사건과 맬더스주의〉, 《영국연구》8호(2002년 12월), 33~61쪽.

53) Sidney Webb, "The Decline in the Birth-Rate", *Fabian Society Tract* 131(London, 1907), 7쪽.

54) Henry D. Haben, "The Endowment of Motherhood", *Fabian Tract* 149(1910), 360~361쪽.

55) Henry D. Haben, "The Endowment of Motherhood", 366쪽.

56) John Macnicol, *The Movement for Family Allowances, 1918~1945: A Study in Social Policy Development*(London: Heinemann, 1980), 139~141쪽.

57) 구빈법Poor Law은 빈민을 구제하기 위해 16세기 엘리자베스 1세 때부터 운영된 영국의 빈민 구제법이다. 1834년에는 구빈원Work House 수용 이외의 구제를 폐지함으로써 자본주의 사회에서 노동력 공

급에 알맞도록 개정되었다. 구빈법은 자조를 중시하는 빅토리아 시대 사회사상의 근간이 되었다. 이후 여러 차례 개정을 거치면서 20세기 중반 사회 복지 제도가 확립되기 전까지 존속했다.

58) "Rathbone, Eleanor", *Dictionary of National Biography*, 1986 ed.; Mary Stocks, *Eleanor Rathbone: A Biography* (London: Victor Gollancz, 1949).

59) Eleanor Rathbone, *The Disinherited Family: A Plea for the Endowment of the Family* (London: Arnold, 1924), ix·27쪽.

60) Eleanor Rathbone, *The Disinherited Family: A Plea for the Endowment of the Family*, 136~137쪽.

61) John Macnicol, *The Movement for Family Allowances, 1918~1945: A Study in Social Policy Development*, 23~25쪽.

62) Diana Hopkinson, *Family Inheritance: A Life of Eva Hubback* (London: Staples, 1954), 96쪽.

63) Norah March, "The Eugenic Aspects of National Baby Week", *Eugenics Review* 9(1917~1918), 100쪽.

64) Jane Lewis, *The Politics of Motherhood: Child and Maternal Welfare in England, 1900~1939* (London: Croom Helm, 1980), 34쪽; Deborah Dwork, *War is Good for Babies and Other Young Children: A History of the Infant and Child Welfare Movement in England, 1898~1918* (London: Tavistock, 1987), 211쪽.

65) J. M. Winter, "The Impact of the First World War on Civilian Health in Britain", *Economic History Review*, 2nd ser. 30. 3(1977), 498쪽.

66) CMAC: SA/EUG/Eugenics Education Society, *Minute Books* (1917년 1월 16일).

67) Karl Pearson, *The Life, Letters and Labours of Francis Galton*, vol. III A(Cambridge: Cambridge University Press, 1930), 339쪽.

68) "Obituary Sybil Neville-Rolfe, O.B.E. 1886~1955", *Eugenics Review* 47(1955~1956), 149쪽.

69) Norah March, "The Eugenic Aspects of National Baby Week", *Eugenics Review* 9(1917~1918), 107~108쪽.

70) CMAC: SA/EUG/Eugenics Education Society, *Annual Report* (1914~1915).

71) CMAC: SA/EUG/D.65, "Eugenics and Family Allowances", 277쪽.

72) Leonard Darwin, "Family Allowances", *Eugenics Review* 16 (1924~1925), 277쪽.

73) The Family Endowment Society, *Memorandum on Family Allowances in the Teaching Profession*(London: The Family Endowment Society, 1932), 8쪽.

74) Eleanor Rathbone, "Family Endowment in Its Bearing on the Question of Population", *Eugenics Review* 16(1924~1925), 270~273쪽.

75) Eleanor Rathbone, "Family Endowment in Its Bearing on the Question of Population", (1924~1925), 270~275쪽.

76) Eleanor Rathbone, "Family Endowment in Its Bearing on the Question of Population", 276쪽.

77) 영국에서 첫 인구센서스는 1801년에 실시되었다.

78) John Macnicol, *The Movement for Family Allowances, 1918~1945: A Study in Social Policy Development*, 84~86쪽.

79) Julian Huxley, "Eugenics and Society", *Eugenics Review* 28 (1936~1937), 14~31쪽.

80) 3장의 내용은 염운옥, 〈영국의 우생학 운동과 산아제한: 단종법에 관한 논의를 중심으로〉,《영국연구》12호(2004년 12월), 235~271쪽을 바탕으로 수정, 보완했다.

81) Richard A. Soloway, *Birth Control and the Population Question in England, 1877~1930*(Chapel Hill: University of North Carolina Press, 1982); Richard A. Soloway, *Demography and Degeneration: Eugenics and the Declining Birthrate in Twentieth-Century Britain*(Chapel

Hill: University of North Carolina Press, 1990); Lucy Bland, *Banishing the Beast: Feminism, Sex and Morality*, 2nd ed.(London: Tauris Parke, 2002).

82) 이혼법 개정과 우생학의 관계에 대해서는 염운옥, 〈20세기 초 잉글랜드의 이혼법 개정과 우생학〉,《역사비평》64호(2003년 가을), 281~302쪽 참조.

83) British Library of Political and Economic Science(이하 BLPES), "Report of the Seventeenth National Conference of Labour Women" (1936), 92~93쪽.

84) BLPES, "Annual Report of Women's Co-operative Guild" (1936), 26쪽; National Union of Societies for Equal Citizenship, Women's Library: Annual Report of National Union of Societies for Equal Citizenship(1930), 54쪽. '여성 협동조합 길드Women's Cooperative Guild'는 1884년에 설립되었고 전간기의 회원 수가 2만 7,000여 명에 달한, '양식 있는' 노동자 계급의 여성 조직이다. '평등시민 권협회 전국동맹National Union of Societies for Equal Citizenship'은 포셋Millicent Garrett Fawcett이 이끌던 온건파 여성 참정권 조직인 '여성참정권협회 전국동맹National Union of Women's Suffrage Societies'이 1918년에 참정권 획득 후 개편된 조직이다.

85) Contemporary Medical Archives Center(이하 CMAC), "National Council of Women", *SA/EUG/D*, 134~136쪽.

86) John Macnicol, "The Voluntary Sterilization Campaign in Britain 1918~39", *Journal of History of Sexuality* 2,3(1992), 433쪽.

87) Parliamentary Papers, Register-General 65th Annual Report (1903). Richard A. Soloway, *Demography and Degeneration*, 6쪽에서 재인용.

88) Sidney Webb, "The Decline in the Birth-Rate", *Fabian Society Tract* 131(London, 1907). 웨브는 우애 조합이나 공제 조합에 가입한 직인, 숙련공의 가정에서는 1881년에서 1901년까지의 기간 동안 출산

율이 50퍼센트나 저하되었다고 추정했다.

89) Sidney Webb, "Physical Degeneracy or Race Suicide 1", *The Times*(1906년 10월 11일자).

90) Havelock Ellis, "Birth-Control and Eugenics", *Eugenics Review* 9(1917~1918), 79쪽.

91) Richard A. Soloway, *Birth Control and the Population Question in England, 1877~1930*, 191쪽.

92) Faith Schenk·A. S. Parkers, "The Activities of the Eugenics Society", *Eugenics Review* 60(1968), 159쪽.

93) C. P. Blacker, *Birth Control and the State: A Plea and a Forecast* (London: Kegan Paul/New York: Dutton, 1926), 22~47쪽.

94) Audrey Leathard, *The Fight for Family Planning: The Development of Family Planning Services in Britain 1921~74*(London: Macmillan, 1980), 39쪽. '산아 제한 조사위원회Birth Control Investigation Committee'는 당시 운영 중이던 자발적 진료소에 축적된 데이터를 체계적으로 수집해 산아 제한에 관한 과학적 조사를 실시할 목적으로 설립되었다. 롤스턴Humphry Rolleston이 회장을, 마저리 패러 부인Lady Marjorie Farrer이 서기를 맡았고 우생협회 측에서는 블래커Carlos Paton Blacker, 줄리언 헉슬리Julian Huxley, 카선더스Alexander Morris Carr-Saunders 등이 참여했다.

95) Lesly Hoggart, "The Campaign for Birth Control in Britain in the 1920s", Anne Digby·John Stewart (eds.), *Gender, Health and Welfare*(London: Routledge, 1996), 144쪽.

96) 기존 연구들은 스톱스Marie Stopes의 책이 베스트셀러가 된 것은 산아 제한 운동의 선구자로서의 스톱스의 사상과 개성에 기인한다고 해석했다. 그러나 다음의 논문들은 스톱스가 출판 시장에서 자신의 책을 베스트셀러로 만들기 위해 선전과 노력을 아끼지 않았다는 사실을 지적하고 있다. Alexander C. T. Geppert, "Divine Sex, Happy Marriage, Regenerated Nation: Marie Stopes's Marital Manual, Married Love

and the Making of a Best Seller, 1918~1955", *Journal of the History of Sexuality* 8.3(1998), 392~395쪽.

97) Deborah A. Cohen, "Private Lives in Public Spaces: Marie Stopes, the Mother's Clinics and the Practice of Contraception", *History Workshop Journal* 35(1993), 97쪽.

98) Ruth Hall, *Dear Dr. Stopes: Sex in the 1920s*(London: Andre Deutsch, 1978), 38쪽.

99) Richard A. Soloway, "Marie Stopes, Eugenics and the Birth Control Movement", Robert A. Peel (ed.), *Marie Stopes, Eugenics and the English Birth Control Movement*(London: Galton Institute, 1996), 50~51쪽.

100) Marie Stopes, *Married Love*(London: Putnam, 1920), ix쪽.

101) Deborah A. Cohen, "Private Lives in Public Spaces: Marie Stopes's Marital Manual, Married Love and the Making of a Best seller, 1918~1955", 101쪽.

102) Richard A. Soloway, "The 'Perfect Contraceptive': Eugenics and Birth Control Research in Britain and America in the Interwar Years", *Journal of Contemporary History* 30(1995), 641쪽.

103) CMAC, *SA/EUG/C. 296, Memorandum on the Allocation of Grants from the Society's Funds*(1935~1938).

104) Richard A. Soloway, "Marie Stopes, Eugenics and the Birth Control Movement", 65쪽.

105) Richard A. Soloway, "The 'Perfect Contraceptive': Eugenics and Birth Control Research in Britain and America in the Interwar Years", 654쪽. 볼파는 1970년대에 독성이 의심되어 판매가 중지되었다.

106) CMAC, "Cooperation between the NBCA and ES 1936~37", *SA/EUG/D*. 23.

107) "The Last Ten Years: Mrs Hodson's Record of Work for Eu-

genics", *Eugenics Review* 24(1932~1933), 25쪽.

108) Ministry of Health Memorandum, "Birth Control", *Memo 153/ MCW*(1930년 7월). Audrey Leathard, *The Fight for Family Planning: The Development of Family Planning Services in Britain 1921~74*, 49 쪽에서 재인용.

109) Lesly Hoggart, "The Campaign for Birth Control in Britain in the 1920s", 161쪽.

110)'정신 박약(the feeble minded, mental deficiency, mental defective)'이라는 용어는 그 자체에 이미 차별 의식이 드러나 있다. 영미 권에서는 1900년경부터 사용된 이 개념에는 '지능의 발육이 영구적으로 늦어 교육에 의한 지적 능력의 개선은 불가능하다'는 의미가 포함되어 있다. 최근에는 개념 자체에서 오는 차별을 없애기 위해 '정신 박약'이나 '정신 지체mental retardation'라는 용어보다 '지적 장애mental disabilities'라는 용어가 더 많이 쓰인다. 하지만 여기서는 우생학이 유행했던 시대적 배경을 고려해 '정신 박약'이라는 용어를 그대로 사용하기로 한다.

111) *Hansard Parliamentary Debates House of Commons*, 5th series, vol. 255(1931), cols. 1245~1258.

112) John Macnicol, "Eugenics, Medicine and Mental Deficiency: An Introduction", *Oxford Review of Education* 9.3(1983), 177쪽.

113) John Macnicol, "Eugenics and the Campaign for Voluntary Sterilization in Britain Between the Wars", *Social History of Medicine* 2(1989), 155~156쪽.

114) Report of the Mental Deficiency Committee, "Being a Joint Committee of the Board of Education and Board of Control", Part III(1929), 82·87~89쪽.

115) 왕립 위원회는 주요한 사회적 이슈와 관련해 여론 수렴과 실태 조사를 목적으로 설치되는 조사 심의 위원회를 말한다.

116) C. P. Blacker, "The Sterilisation Proposals: A History of Their

Development", *Eugenics Review* 22(1930~1931), 239·243쪽.

117) "Report of the Departmental Committee on Sterilisation" (Joint Committee on Voluntary Sterilisation, 1934년 6월), Cmd. 4485(London: HMSO, 1934).

118) PRO MH 48/100.

119) C. P. Blacker, "Voluntary Sterilisation: the Last Sixty Years", *Eugenics Review* 53(1961~1962), 145쪽.

120) Stephen Trombley, *The Right to Reproduce*(London: Weiden-field & Albert, 1988), 134쪽.

121) C. P. Blacker, "Voluntary Sterilisation: the Last Sixty Years", 146~147쪽.

122) 공중 보건의는 1856년에 런던에 배치되는 것을 시작으로 1872년에는 잉글랜드와 웨일스 전역에 배치되었다. 이들의 의무는 담당 지구 거주자들의 건강 상태를 검사하고 기록하며 위생 규제를 실시하는 것이었다. 이들 공중 보건의는 급료를 받고 국가에 봉사하는 의료 인력으로, 예방 의학의 전문 지식을 겸비하고 있어 공중 보건을 천직으로 여기는 새로운 직업 집단이었다. 대다수의 보건의는 시간제 근무자로 개업의를 겸하기도 했으나, 대도시에서는 전업 보건의도 증가했다. Dorothy Porter, "'Enemies of the Race': Biologism, Environmentalism and Public Health in Edwardian England", *Victorian Studies* 34.2(1991), 159~178쪽. 공중 보건의의 직업윤리가 예방 의학과 환경론을 중시하는 입장이었음은 부정할 수 없다. 하지만 적지 않은 수의 공중 보건의들이 우생협회의 회원이었으며 레스터나 버밍엄 지방 우생협회 지부에서는 이들의 활약이 두드러지기도 했다.

123) John Macnicol, "The Voluntary Sterilization Campaign in Britain 1918~39", 431쪽.

124) *Hansard Parliamentary Debates House of Commons*, 5th series, vol. 319(1937), cols. 851~852.

125) John Macnicol, "The Voluntary Sterilization Campaign in

Britain 1918∼39", 437쪽.

126) CMAC, SA/EUG/N. 37 Presscuttings.

127) PRO MH 79/291.

128) C. B. S. Hodson, *Human Sterilization Today: A Survey of the Present Position* (London: Watts, 1934).

129) Ruth Hall, *Dear Dr. Stopes: Sex in the 1920s*, 218쪽.

130) CMAC, SA/EUG/N. 37 Presscuttings.

131) C. Binney, "Legal Aspects of Sterilisation", *Eugenics Review* 26(1934∼1935), 27∼28쪽; C. Binney, "Eugenic Aspects of the English Criminal Law", *Eugenics Review* 60(1968), 120쪽.

132) 우생협회는 1935년의 '모범 가정 전시회Ideal Home Exhibition'에 참가했다. "Ideal Home Exhibition", *Eugenics Review* 27(1935 ∼1936), 50쪽. '모범 가정 전시회'는《데일리 메일 *Daily Mail*》신문사 주최로 매년 3월 런던에서 개최되는 전시회로 현재까지도 계속되고 있다. 1935년 전시회의 주제는 "이상적인 가정은 건강한 가족으로부터"였다. 원래 이 전시회는 인테리어, 가구, 벽지 등의 실내 장식, 교외 주택, 노동 절약형 전자 제품 등을 소개하는 전시가 주를 이루었지만, 집 안의 환기나 배기, 위생, 건강 등 가정 내 환경 개선 등도 관심사였다.

133) CMAC, SA/EUG/Video, Heredity in Man. 헉슬리의 내레이션은 오늘날의 용어를 빌리면 태아에 대한 검진 및 선택적 중절과 장애인 복지 서비스의 보급은 상충되지 않는다는 장애인 복지 정책의 '이중 기준'을 말하고 있다. 1930년대의 '단종'이 오늘날에는 '출생 전 진단'으로 모습을 바꾸었으며 생식 의료 기술을 이용하는 개인의 자발적 선택에 맡겨지고 있다.

134) 모자 복지 센터와 출생 전 진료소는 1918년에 제정된 '모자 복지법Maternal and Child Welfare Act'에 따라 지방 당국이 설치한 복지 서비스로 여성들 사이에서 매우 평판이 좋았다.

135) CMAC, SA/EUG/J. 19, "The Central Council for Health Education Poster Services", 그림 1, 그림 2 참조.

136) CMAC, SA/EUG/G. 1~G. 20, "Propaganda and Publicity: Reports on Lectures and Meetings, Various Organisations 1925 ~1937".

137) CMAC, SA/EUG/G. 1, 1937. 10. 11. St. Matthew's Women's Fellowship, St. Matthew's Church Hall.

138) CMAC, SA/EUG/G. 1, 1937. 10. 11. St. Matthew's Women's Fellowship, St. Matthew's Church Hall.

139) Colin Barnes, *Disability Studies Today*, Mike Oliver·Len Barton (eds.)(Cambridge: Polity, 2002), 5쪽.

140) 설혜심, 〈19세기 골상학과 여성〉, 《서양사 연구》 26호(2000년 9월), 12~13쪽.

141) CMAC, SA/EUG/G. 1, 1938. 12. 4. Bethnal Green Friends' House.

142) D. J. Kevles, *In the Name of Eugenics: Genetics and the Uses of Human Heredity*(New York: Knopf, 1985), 108쪽.

143) 로터리 클럽은 1905년 미국 시카고에서 변호사 폴 해리스Paul Harris가 설립한 전문 직업인들의 친목 단체이다. 국제로터리클럽이 생겨난 것은 1922년이다.

144) "Addresses Delivered by Lecturers of Eugenics Society, Dec. 1934~Feb. 1935", *Eugenics Review* 27(1935~1936), 67~68쪽.

145) Margaret Llewelyn Davies (ed.), *Maternity: Letters from Working Women*(London: n. p., 1915).

146) BLPES, "Annual Report of Women's Co-operative Guild" (1936), 26쪽; BLPES, "Annual Report of Women's Co-operative Guild" (1937), 32쪽.

147) Dora Russell, "The Long Campaign", *New Humanist*(1974년 12월), 260쪽. Sheila Rowbotham, *A New World for Women: Stella Browne-Socialist Feminist*(London: Pluto, 1977), 43쪽; Margery Spring-Rice, *Working-Class Wives 1939*, 2nd ed. (London: Virago,

1981)에서 재인용.

148) Lesly Hoggart, "The Campaign for Birth Control in Britain in the 1920s", 155쪽.

149) Ann Taylor Allen, "Feminism and Eugenics in Germany and Britain, 1900~1940: A Comparative Perspective", *German Studies Review* 23.3(2000), 496쪽.

150) "Obituary, Hilda Frances Pocock(d.1964)", *Eugenics Review* 56(1964~1965), 131쪽; CMAC, SA/EUG/C. 275 "Miss Hilda Pocock, 1936~56" · "Miss Pocock's New Appointment", *Eugenics Review* 27(1935~1936), 50쪽.

151) Pat Thane, "The Debate on the Declining Birth-Rate in Britain: The Menace of an Aging Population, 1920s~1950s", *Continuity and Change* 5.2(1990), 283~284쪽.

152) John Macnicol, "The Voluntary Sterilization Campaign in Britain 1918~39", 426쪽.

153) Julian Huxley, "Eugenics and Society", *Eugenics Review* 28 (1936~1937), 14~31쪽.

154) 우생학과 사회주의의 관계 및 구소련의 우생학에 대한 논문으로는 Diane Paul, "Eugenics and the Left", *Journal of History of Ideas* 45.4(1984), 567~590쪽이 있다.

155) C. B. S. Hodson, *Human Sterilization Today: A Survey of the Present Position*, 5·41~44쪽.

156) John Macnicol, "In Pursuit of the Underclass", *Journal of Social Policy* 16(1987), 297쪽.

157) John Macnicol, "In Pursuit of the Underclass", 309쪽.

158) C. P. Blacker, "Voluntary Sterilisation: The Last Sixty Years", *Eugenics Review* 53(1961~1962), 145쪽.

159) "Obituary, Eva M. Hubback (Goldman, P) (1888~1949)", *Eugenics Review* 41(1949~1950), 141쪽; Diana Hopkinson, *Family*

Inheritance: A Life of Eva Hubback(London: Staples, 1954); Brian Harrison, *Prudent Revolutionaries: Portrait of British Feminism between the Wars*(Oxford: Clarendon Press, 1987).

160) Susan K. Kent, "The Politics of Sexual Difference: World War I and the Demise of British Feminism", *Journal of British Studies* 27 (1988년 7월), 243~244쪽.

161) Susan K. Kent, "The Politics of Sexual Difference: World War I and the Demise of British Feminism", 238쪽.

162) CMAC, SA/EUG/C. 177 "Eva Hubback, 1930~1948"; CMAC, SA/EUG/C. 190~191 "Wing-Commander Sir Archibald James, Blacker to James, 1931. 12. 4".

163) Diana Hopkinson, *Family Inheritance: A Life of Eva Hubback*, 88쪽.

164) Women's Library: Hubback Papers, "The Women's Movement—Has It a Future?", 6~7쪽.

165) Eva Hubback, *The Population of Britain*(London: Pelican, 1947), 246쪽.

166) Eva Hubback, *The Population of Britain*, 227~236쪽.

167) Lesly Hoggart, "The Campaign for Birth Control in Britain in the 1920s", 145~146쪽.

168) 4장의 내용은 염운옥, 〈영국의 우생학 운동과 섹슈얼리티: 성병의 관리에서 결혼 전 건강 진단 계획까지〉,《여성과 역사》1호(2004년 12월), 221~252쪽을 바탕으로 수정, 보완했다.

169) Thomas J. Gerrard, *The Church and Eugenics*(London: King & Son, 1912), 15~18쪽.

170) Caleb Williams Saleeby, *The Methods of Race Regeneration*(London: Cassell, 1911), 1~2쪽.

171) Caleb Williams Saleeby, *The Methods of Race Regeneration*, 8~9쪽.

172) D. J. Kevles, *In the Name of Eugenics: Genetics and the Uses of Human Heredity*, 105쪽.

173) Roy M. MacLeod, "The Edge of Hope: Social Policy and Chronic Alcoholism in the 19th Century", *Journal of the History of Medicine and Allied Sciences* 22(1967), 215~245쪽.

174) Anna Davin, "Imperialism and Motherhood", 10~12쪽.

175) Elizabeth Badinter, *Mother Love: The Myth of Motherhood, an Historical View of Maternal Instinct* (New York, 1981), 10~11쪽.

176) Anna Davin, "Imperialism and Motherhood", 13~14쪽.

177) Richard A. Soloway, "Marie Stopes, Eugenics and the Birth Control Movement", Robert A. Peel (ed.), *Marie Stopes, Eugenics and the English Birth Control Movement* (London: Galton Institute, 1996), 49~50쪽.

178) Caleb Williams Saleeby, *Parenthood and Race Culture: An Outline of Eugenics* (New York: Moffat & Yard, 1909), 23~27쪽.

179) Caleb Williams Saleeby, *Parenthood and Race Culture: An Outline of Eugenics*, 33~35쪽.

180) Caleb Williams Saleeby, *Woman and Womanhood: A Search for Principles* (London: Kennerley, 1911), 291~294쪽.

181) Caleb Williams Saleeby, *Woman and Womanhood: A Search for Principles*, 295쪽.

182) Caleb Williams Saleeby, *Woman and Womanhood: A Search for Principles*, 24쪽.

183) 크림 전쟁은 1853~1856년에 오스만투르크와 영국·프랑스·프로이센 연합군 사이에 벌어진 전쟁이다. 영국에서는 플로렌스 나이팅게일Florence Nightingale이 전장에서 부상병 간호에 활약한 전쟁으로 알려져 있다.

184) Judith Walkowitz, *Prostitution and Victorian Society: Women, Class and the State* (Cambridge: Cambridge University Press, 1980),

90~112쪽.

185) Elaine Showalter, *A Literature of Their Own: British Women Novelists from Bronte to Lessing* (Princeton: Princeton University Press, 1977), 206~207쪽.

186) Elizabeth Lomax, "Infantile Syphilis as an Example of Nineteenth Century Belief in the Inheritance of Acquired Characteristics", *Journal of the History of Medicine and Allied Science* 34(1979), 24쪽.

187) Jean-Paul Gaudillire·Ilana Lwy (eds.), *Heredity and Infection: The History of Disease Transmission* (London: Routledge, 2001), 4~5쪽.

188) Lucy Bland, *Banishing the Beast: Feminism, Sex and Morality*, 242쪽.

189) *Prevention of Venereal Disease: Being the Report of and the Evidence Taken by the Special Committee on Venereal Disease* (London: Williams & Norgate, 1921), 147쪽.

190) Gail Savage, "'The Willful Communication of a Loathsome Disease': Marital Conflict and Venereal Disease in Victorian England", *Victorian Studies*, 34(1)(1990), 36~37쪽.

191) Lesley A. Hall, "'The Cinderella of Medicine': Sexually Transmitted Diseases in Britain in the Nineteenth and Twentieth Centuries", *Genitourinary Medicine* 69(1993), 316쪽.

192) 병과 죄악을 연관시키는 태도는 빅토리아 시대의 낡은 관념이므로 오늘날의 질병관과는 무관하다고 치부할 문제가 아니다. 에이즈를 둘러싼 오늘날의 논의에서도 이러한 질병관은 끊임없이 재생산되고 있다. 동성애자의 에이즈 감염과 수혈에 의한 에이즈 감염을 별개로 구분해 전자에 도덕적 낙인을 찍으려는 통념은 바로 빅토리아 시대적 질병관의 반복인 것이다. 19세기 말의 매독에 대한 반응과 20세기의 에이즈에 대한 반응은 실태와 은유의 두 측면에서 매우 유사하다.

193) Lesley A. Hall, "'The Cinderella of Medicine': Sexually Transmitted Diseases in Britain in the Nineteenth and Twentieth Centuries", 314~315쪽.

194) E. B. Turner, "The History of the Fight against Venereal Disease", *Science Progress* 11(1916~1917), 83~88쪽.

195) *Report of the Royal Commission on Venereal Diseases, Final Report*, Cd. 8189(1916), 62~64쪽.

196) Leonard Darwin, "The Eugenics Education Society and Venereal Disease", *Eugenics Review* 8(1916~1917), 213~217쪽.

197) Sybil Neville-Rolfe, *Social Biology and Welfare* (London: Allen & Unwin, 1949), 11~17쪽.

198) Sybil Neville-Rolfe, *Social Biology and Welfare*, 17~27쪽. 네빌 롤프의 활동은 영국 국내뿐만 아니라 식민지까지도 무대로 삼았다. 그녀는 홍콩, 상하이, 싱가포르 지역의 성병 대책을 강구하기 위해 성병 퇴치 전국협의회National Council for Combating Venereal Diseases 가 설치한 '극동위원회'에서도 활동했다. 1926년에는 인도를 방문해 인도 총독에게 민간인에 대한 성병 대책을 세울 것을 요구하기도 했다. 그녀의 활약상은 조세핀 버틀러에 비유되기도 했다. Kerrie L. MacPherson, "Health and Empire: Britain's National Campaign to Combat Venereal Diseases in Shanghai, Hong Kong and Singapore", Roger Davidson·Lesley A. Hall (eds.), *Sex, Sin and Suffering: Venereal Disease and European Society since 1870* (London: Routledge, 2001), 177쪽.

199) Sybil Neville-Rolfe(Sybil Gotto), "Modern Marriage and Monogamy", *Eugenics Reviews* 17(1925~1926), 88~97쪽.

200) Lettice Fisher, *Twenty-One Years and After, 1918~1946: The Story of the National Council for the Unmarried Mother and Her Child* (London: NCUMC, 1946), 6~7쪽.

201) Jenny Teichman, *Illegitimacy: A Philosophical Examination* (Oxford: Blackwell, 1982), 162~163쪽.

202) Ann Taylor Allen, "Feminism and Eugenics in Germany and Britain, 1900~1940: A Comparative Perspective", *German Studies Review*, 23(3)(2000), 483쪽.

203) Ruth Hall, *Dear Dr. Stopes: Sex in the 1920s*, 38·218쪽; Lesley A. Hall, "'Somehow Very Distasteful': Doctors, Men and Sexual Problems between the Wars", *Journal of Contemporary History*, 20(4) (1985), 564쪽.

204) Sybil Neville-Rolfe, "Sexual Delinquency", H. Llewellyn-Smith (ed.), *Life & Leisure, vol. 9 of The New Survey of London Life and Labour*(London: King & Sons, 1935), 341쪽.

205) Sybil Neville-Rolfe, "Some Comments on the Trend of Prostitution", *Health and Empire* 6(1931), 300쪽.

206) Bridget Towers, "Health Education Policy 1916~26: Venereal Disease and the Prophylaxis Dilemma", *Medical History* 24(1980), 87쪽.

207) CMAC, British Social Hygiene Council Archives: SA/BSH/ A.1/2 "Prophylaxis Controversy".

208) "Co-ordination of Infant Welfare and Venereal Disease Work", *Health and Empire* 5(1930), 122~123쪽.

209) "Third International Congress of Eugenics, New York, August, 1932", *Health and Empire* 7(1932), 266쪽.

210) Majorie Smith Wilson, "The Problem of the Child Suffering from Congenital Syphilis", *Health and Empire* 5(1930), 181~183쪽.

211) "Report on the Health of the Metropolitan Borough of Battersea for the Year 1926", *Health and Empire* 3(1928), 81쪽.

212) Jane Lewis, *The Politics of Motherhood: Child and Maternal Welfare in England, 1900~1939*(London: Croom Helm, 1980), 34 ~35·152·219쪽.

213) "Co-ordination of Maternity and Child Welfare with the

Venereal Disease Service", *Health and Empire* 5(1930), 173~178쪽.

214) "Co-ordination of Maternity and Child Welfare with the Ve-
nereal Disease Service", 17쪽.

215) "Mental Deficiency and Its Relation to Venereal Disease",
Health and Empire 5(1930), 285쪽.

216) Cicely Hamilton, *Marriage as a Trade, 1909, The Workers: Wom-
en and Labour, vol. 3 of Controversies in the History of British Femi-
nism*, Marie Mulvey Roberts·Tamae Mizuta (eds.) (London: Rout-
ledge·Tokyo: Kinokuniya, 1995), 73쪽.

217) Claudia Nelson, "'Under the Guidance of a Wise Mother':
British Sex Education at the Fin de Siecle", Claudia Nelson (ed.),
*Maternal Instincts: Visions of Motherhood and Sexuality in Britain, 1875
~1925* (London: Macmillan, 1997), 98~121쪽.

218) J. Ernest Lane, "Venereal Disease: Racial Poisons", Eugenics
Review 1(1909~1910), 254~264쪽; Roy Porter·Lesley Hall, *The
Facts of Life: The Creation of Sexual Knowledge in Britain, 1650~1950*
(New Heaven: Yale University Press, 1995), 239쪽.

219) "Sex Education in Class to Children over 14 Years of Age",
Eugenics Review 13(1921~1922), 478~480쪽; CMAC, SA/EUG/L.
5 Minute Books, 7 June 1921.

220) *The Health of the School Children: Report of the Chief Medical
Officer of the Ministry of Education for the Years 1939~1945* (London:
HMSO, 1947), 135~139쪽.

221) "Pre-Nuptial Health Schedule", *Eugenics Review* 25(1933
~1934), 133쪽.

222) C. P. Blacker, "Fitness for Marriage", *Eugenics Review* 27 (1935
~1936), 33~39쪽.

223) *Hansard Parliamentary Debates House of Lord*, 5th series(1934),
cols. 423.

224) *Hansard Parliamentary Debates House of Lord*, cols. 424.

225) *Hansard Parliamentary Debates House of Lord*, cols. 426·428
~430.

226) "Pre-Marital Health Schedule: Memorandum Issued by the
Schedule Committee", *Eugenics Review* 27(1935~1936), 306~318쪽.

227) CMAC, SA/EUG/N. 50 Presscuttings: Prenuptial Marriage
Certificates.

228) CMAC, SA/EUG/N. 50 Presscuttings: Prenuptial Marriage
Certificates.

229) "The Pre-Marital Health Schedule and the Press", *Eugenics
Review* 28(1936~1937), 119~122쪽.

230) "The Pre-Marital Health Schedule and the Press".

231) CMAC, SA/EUG/D. 120 Marriage Guidance Council: A Mem-
orandum.

232) Jane Lewis·David Clark·David Morgan, *Whom God Hath
Joined Together: The Work of Marriage Guidance* (London: Routledge,
1992), 59쪽.

233) CMAC, SA/BSH/F. 6 "Marriage Sub-committee, 1934. 11. 26
~1939. 3. 22".

234) Marie Stopes, *Married Love*, 86~87·128쪽.

235) 여성 작가 메니 뮤리엘 도위Menie Muriel Dowie는 1867년에
리버풀에서 부유한 상인의 차녀로 태어났다. 《창조의 자연사적 흔적
Vestiges of the Natural History of Creation》을 쓴 로버트 체임버스Rob-
ert Chambers의 외증손녀이다. 스코틀랜드와 리버풀에서 교육을 받
고 독일과 프랑스에서 거주한 경험도 있다. 《데일리 크로니클 *Daily
Chronicle*》의 부편집장이던 언론인 헨리 노먼Henry Norman과 1891
년에 결혼했으나 1903년에 이혼했다.

236) Menie Muriel Dowie, *Gallia* (1895; London: Everyman, 1995),
191~192쪽.

김호연, 《우생학, 유전자 정치의 역사─영국, 미국, 독일을 중심
으로》(아침이슬, 2009)

그동안 국내에서 출판된 인간 복제와 생명 윤리에 관한 책에서 우
생학은 자주 언급되었다. 하지만 우생학의 역사를 전체적으로 조
망하는 책은 2009년이 되도록 한 권도 나오지 않았다. 필자를 비롯
해 몇몇 연구자들이 영국과 미국, 프랑스의 우생학 역사에 대해 몇
편의 논문을 발표했지만 책으로 묶여 나온 것은 김호연의 책이 처
음이다. 이 책은 과학 담론으로서의 우생학에 대한 분석보다는 영
국, 독일, 그리고 미국 내 우생학 논쟁의 역사적 배경과 구체적인 전
개 상황을 알기 쉽게 설명하고 있다. 우생학이 시작된 곳은 영국이
지만 우생 정책이 채택된 곳은 미국이었다. 미국은 유전 질병 환자
와 범죄자들에 대한 불임 수술을 법률로 제정한 최초의 국가였다.
1907년에 인디애나 주를 시작으로 워싱턴, 코네티컷, 캘리포니아
주에서, 1950년에는 미국 33개 주에서 불임 수술을 법률로 정하고
있었다. 미국의 우생학은 이민 제한법, 혼인법, 불임법 등의 입법을
통해 인간의 사회적 지위를 서열화하고 타 인종을 향해 앵글로 색
슨의 우월성을 주장하는 데 일조했다.

스티븐 제이 굴드, 《인간에 대한 오해─'인간은 만물의 영장'이라는
잘못된 척도에 대한 비판》, 김동광 옮김(사회평론, 2003)

굴드Stephen Jay Gould는 '찰스 다윈 이후 가장 잘 알려진 생물학

자'로 불리며 2002년에 세상을 떠날 때까지 전공 분야인 고생물학과 진화생물학에 머물지 않고 대중적 과학서를 저술하는 데도 탁월한 업적을 남긴 학자이다. 미국의 68세대인 굴드는 과학을 사회로부터 분리된 객관적 진리의 영역으로 특권화하는 태도를 비판한다. 그는 과학을 사회적, 역사적 맥락과 분리하지 않으면서 둘 사이의 관계를 분석한다. 진화에 관한 굴드의 이론적 입장은 사회생물학의 주창자인 에드워드 윌슨Edward Wilson과 《이기적인 유전자 The Selfish Gene》(1976)의 저자 리처드 도킨스Richard Dawkins와 대척점에 서 있다. 굴드는 윌슨과 도킨스의 이론에서 나타나는 생물학적 환원론을 경계한다. 이 책에서는 골상학, 범죄학, 두개측정학, 아이큐, 우생학을 예로 들며 과학 지식이 어떻게 인종, 계급, 성에 대한 사회적 편견과 결합될 수 있는지를 낱낱이 보여준다. 600쪽이 넘는 분량에 일반 독자가 이해하기에 만만한 내용은 아니다. 하지만 쉽사리 휴머니즘을 결론으로 내세우는 책들에 비하면 읽은 후에 남는 것이 많다. 특히 후반부에 추가된 에세이는 1994년 출판된 헤른슈타인Richard Herrnstein과 머레이Charles Murray 의 《벨 커브—지능의 차이에 의한 미국적 생활의 재형성 The Bell Curve — The Reshaping of American Life by Difference in Intelligence》을 다루고 있다. 굴드는 백인과 흑인의 평균 아이큐 차이를 돌이킬 수 없는 유전적 차이로 설명하는 《벨 커브》를 "되살아난 고비노Joseph Arthur Comte de Gobineau의 망령"이라고 신랄하게 비판한다. 굴드는 아이큐를 처음 개발한 프랑스의 비네Alfred Binet 는 교육을 통한 자질의 향상을 신봉했고 아이큐가 유전적 관점에서 해석되는 것을 단호하게 거부했다는 사실을 상기시킨다. 오늘날까지 끈질기게 살아 있는 지능의 유전론과 인종과 지능의 상관 관계론은 비네의 원래 의도를 벗어나 19세기 중반의 과학적 인종주의의 창시자 고비노의 견해를 덧씌운 것이다.

신영전, 〈식민지 조선에서 우생 운동의 전개와 성격—1930년대 《우생(優生)》을 중심으로〉, 《의사학(醫史學)》제15권 제2호(2006)

문학이나 영화에 재현된 우생 사상을 짧게 다룬 몇 편의 논문을 제외하면 식민지 시대 조선의 우생학에 대한 연구는 거의 없는 실정이다. 2006년에 나온 신영전의 논문은 한국 보건 의료의 역사 속에서 1930년대 조선의 우생학을 처음으로 조명한 논문이다. 이 논문이 분석 대상으로 삼은 잡지 《우생》은 '조선우생협회'가 발간한 기관지이다. '조선우생협회'는 윤치호, 여운형, 주요한, 김성수, 이광수 등 85명이 발기인으로 참여해 1933년에 결성되었다. 우생협회의 결성과 잡지의 간행은 식민지 지식인의 근대화론과 결합된 우생학의 면모를 보여준다. 《우생》은 국제 우생 운동에 대한 소개, 성병의 위험성, 청소년을 대상으로 한 성교육, 산아 제한, 결혼과 출산에 관한 조언 등을 다루었다. 이 논문에서 조선의 우생학과 일본 우생학의 연관성, 민족 개조론이나 민족 독립론과의 관계 등에 대한 심층적 분석이 이루어지지 않은 점은 아쉽다. 하지만 우생학 운동에 관여한 인물들의 궤적을 밝히고 이들이 해방 이후 한국 보건 의료 부문에도 지속적으로 영향을 미쳤다는 사실을 밝히고 있다는 데 의미가 있다.

앙드레 피쇼, 《우생학─유전학의 숨겨진 역사》, 이정희 옮김(아침이슬, 2009)

　김호연의 《우생학, 유전자 정치의 역사─영국, 미국, 독일을 중심으로》와 거의 동시에 출판된 피쇼Andre Pichot의 책은 과학 담론 자체에 주목해 지금은 사이비 과학으로 치부되는 우생학이 왜 20세기 초에는 그토록 호소력을 지녔는지를 보여준다. 저자는 유전학의 초기 역사가 우생학의 역사와 분리될 수 없음을 힘주어 말한다. 1946~1948년 유네스코 초대 의장을 지냈으며 본문에서도 여러 번 언급된 줄리언 헉슬리, 1912년에 노벨 의학상을 받은 프랑스의 알렉스 카렐Alexis Carrel은 우생학이 인류의 밝은 미래에 공헌한다는 확신에 찬 우생주의자였다. 20세기 중반 이후 나온 분자유전학에서 우생학이라는 이름은 사라졌지만 이는 말뿐이었다. 분자유전학의 '유전 프로그램 이론'을 통해 도출되는 유전자 결정론은 오늘날 우생학의 전제를 더욱 공고히 해주는 기반으로 작용하고 있다. 피쇼의 글과 거의 같은 분량인 80쪽에 달하는 역자의 친절한 해제 〈역사 속의 우생학〉은 우생학의 등장부터 사회다윈주의와의 관계, 우생학과 유전학, 우생학의 최근 연구 동향 등에 대해 소개하고 있다.

염운옥, 〈우생학과 여성〉, 《영국연구》 제13호(2005)

　영국 우생학을 대표하는 세 인물 골턴, 피어슨, 살리비가 여성과 모성을 어떻게 인식했는지를 논한 글이다. 골턴의 우생학은 유전에서 여성의 역할을 긍정했지만 여성의 유전적 기여도는 남성보다 낮게 평가했으며, 페미니스트를 자처한 피어슨은 국민 국가의 요구에 부응하는 모성의 실천을 강요하는 논리를 펼침으로써 결국은 여성의 몸을 건강한 차세대의 생산을 위한 도구로 간주하고 만다는 한계를 지닌다. 또한 피어슨과 살리비는 여성 참정권을 주장했으나 그것은 여성이 참정권을 획득하면 현명한 성 선택이 이루어져 적격자의 생식을 보장함으로써 '예방적 우생학'의 실천이 쉬워진다는 이유에서였다. 피어슨과 살리비는 결코 여성의 자아실현을 우생학적 가치보다 우위에 두지 않았으며, 양육의 일차적 책임을 여성에게 전가함으로써 남녀의 성차에 따른 역할 구분론에서 벗어나지 못했다.

위르겐 하버마스, 《인간이라는 자연의 미래—자유주의적 우생학 비판》, 장은주 옮김(나남출판, 2003)

하버마스Jurgen Habermas는 공론장public sphere과 의사소통의 합리성 개념을 통해 근대 계몽의 기획을 새롭게 변호하고 있는 독일의 사회학자이자 철학자이다. 하버마스는 현재 문제가 되고 있는 출생 전 진단과 태아에 대한 유전적 간섭은 인간이 지닌 자연 nature, 즉 인간의 '몸'에 대한 관념을 변화시키고 있다고 우려한다. 우리 몸의 자연 발생성은 개개인이 자유롭고 평등한 도덕적 주체가 되기 위한 근원적이고 보편적인 인간학적·윤리적 조건인데, 인간의 몸에 대한 우생학적 간섭은 바로 이러한 조건을 뒤흔들고 있다는 것이 하버마스가 제기하는 우려의 핵심이다. 유전자 치료와 관련된 윤리적 문제를 해결하기 위해서는 해당 기술의 적용이 '치료적 목적'인지 '우생학적 선별'인지의 선을 그어야 한다. 그러나 질병을 지닌 아이의 출생을 막는 것과 유전적 요인의 개선, 즉 우생학적 결정 사이의 개념적인 경계는 더 이상 분명하지 않다. 하버마스도 지적하고 있듯이 경계의 설정 문제는 현실적으로는 결국 정치적 입법의 문제가 될 가능성이 크다.

정근식, 〈동아시아 한센병사 연구를 위하여〉, 《보건과 사회과학》 제12집(2002)

우생학은 식민지 조선의 현실과 무관하지 않았다. 사회 진화론과 함께 일본에서 수입된 우생학은 실력 양성론과 결합되어 식민지로 전락한 조선 민족의 '몸'을 개조하자는 운동으로 이어졌다. 조선 우생학 운동이 주로 '긍정적 우생학'을 통한 민족 개량에 힘을 쏟았던 한편 일본 식민지 권력에 의한 '부정적 우생학'은 한센병 환자에 대한 강제 불임화로 나타났다. 일본의 한센병 보건 정책에 따라 조선에서도 소록도에서 강제 불임 수술이 실시되었고, 남성 환자의 '단종'을 조건으로 결혼한 부부는 1941년 840쌍에 이르렀다. 한센병은 매독, 결핵 등과 함께 20세기 초 생정치biopolitics에서 주요한 관리 대상으로 떠오른 질병으로, 한센병사 연구는 근대 의료사에서 매우 중요한 주제이다. 한센병은 유전설과 전염설의 논쟁에서 전염설이 승리한 이후에도 여전히 유전병이라는 의혹을 받았으며 신이 내린 징벌이라는 기독교적 천형관의 영향이 뿌리 깊게 남아 있던 질병이다. 정근식의 이 논문은 1930년대 일본의 한센병 정책에 따라 일본의 식민지였던 조선에 적용된 한센병 정책을 개관하고 그 식민지적 특수성을 포착함으로써 우생학에 대한 동아시아 차원의 비교를 위한 단초를 제공한다.

생명에도 계급이 있는가 — 유전자 정치와 영국의 우생학

초판 1쇄 발행 2009년 12월 5일
개정 1판 1쇄 발행 2022년 10월 14일
개정 1판 3쇄 발행 2023년 12월 15일

지은이 염운옥

펴낸이 김준성
펴낸곳 책세상
등록 1975년 5월 21일 제2017-000226호
주소 서울시 마포구 동교로23길 27, 3층 (03992)
전화 02-704-1251
팩스 02-719-1258
이메일 editor@chaeksesang.com
광고·제휴 문의 creator@chaeksesang.com
홈페이지 chaeksesang.com
페이스북 /chaeksesang **트위터** @chaeksesang
인스타그램 @chaeksesang **네이버포스트** bkworldpub

ISBN 979-11-5931-475-9 04080
       979-11-5931-400-1 (세트)